Birgit Primig

Do Khyi

(Tibet Mastiff)

འབྲོག་ཁྱི་
བོད་པའི་སྲུང་རོགས་

Wächter der Nomaden

Bibliografische Information der Deutschen Nationalbibliothek

Die Deutsche Nationalbibliothek verzeichnet diese Publikation in der Deutschen Nationalbibliografie; detaillierte bibliografische Daten sind im Internet über http://dnb.d-nb.de abrufbar.

Impressum:

© 2017 Birgit Primig. Kontakt: www.lhasaapso.at

© Fotos: siehe Seite 164

Herstellung und Verlag: BoD - Books on Demand, Norderstedt

ISBN: 9-783743-197138

Liebe Leserin, lieber Leser,

der Do Khyi hat in den vergangenen Jahren traurige Berühmtheit als der teuerste Hund der Welt erlangt. Überdimensionale monströse Fellberge wurden in Boulevard-Medien hochstilisiert zu „Edelkläffern", wie sie etwa im „Spiegel online" bezeichnet wurden. Dabei ist es naheliegend, dass die alten Begriffe „Tibet Dogge" und „Tibet Mastiff" verwendet wurden. Das klingt gleich viel riesiger und gefährlicher.

Der imposante, leichtfüßige Hund ist in Gefahr, durch Importe von dubiosen chinesischen „Züchtern" verunstaltet zu werden. Für mich ist ein echter Do Khyi nur dann schön, wenn er problemlos tagelang durch die unwirtliche Landschaft Tibets schnüren könnte.

Es gibt sie noch, die schönen, alten, ursprünglichen Typen des Do Khyi. In ganz abgelegenen Regionen Tibets liegen sie noch vor Nomadenzelten oder in Dörfern. Ich durfte ihnen dort selbst begegnen - und eine unfreiwillige Nacht mit einem Rudel verbringen.

Es gibt sie auch in Europa, weil seriöse Züchter_innen an den Erhalt der Rasse glauben.

Mein Dank gilt Hundemenschen aus aller Welt: Menschen, die mit Leidenschaft züchten, die historisches Material sammeln, die nie ohne Fotoapparat mit ihren Hunden unterwegs sind. Ohne sie hätte dieses Buch nicht zustande kommen können. Ich habe von Menschen trotz Sprachbarrieren Unterstützung bekommen, die ich nie persönlich kennen gelernt habe.

Ich danke auch jenen, die einen Beitrag zu diesem Buch geschrieben haben. Wer könnte besser schwärmen (oder Kritik üben) als Menschen, die Do Khyi halten, züchten oder auf Ausstellungen richten?

Mein Dank gilt auch meiner Mutter Uschi Eisner. Sie hat mir den „Hunde-Virus" vererbt. Sie hat mir meinen ersten Lhasa Apso beschert und mit ihr gemeinsam durfte ich Tibet bereisen. Sie ist eine der angesehensten Richter_innen für tibetische Hunderassen.

Ich selbst habe nie mit Do Khyi gelebt. Sie sind keine Großstadt-Hunde, Wiener Pflaster konnte und wollte ich ihnen nicht zumuten. Nach der Übersiedlung aufs Land haben längst die kleineren Brüder und Schwester der Do Khyi, die Lhasa Apsos, mein Leben erobert. Aber wer weiß, eines Tages ...

Liebe Leserin, lieber Leser: Machen Sie sich auf ganz besondere Hunde gefasst. „Patiently trained and educated by Tibetan Mastiffs" („geduldig ausgebildet und erzogen von Do Khyi") sagt ein schwedischer Züchter über sich selbst. Überlegen Sie daher gut, bevor Sie sich selbst so einen Hund ins Haus holen. Wenn Sie wirklich die richtigen Menschen sind, wird es nicht bei einem einzigen bleiben!

Birgit Primig

Inhalt

Vorwort 3

Die Herkunft: ein Hund vom „Dach der Welt"

    Tibet: sehr hoch, sehr kalt, sehr trocken 6

    Von der Monarchie zur chinesischen Herrschaft 10

    Hunde in Tibet: Schutz, Wärme und Glaube 21

    Do Khyi heute: Touristenattraktion und Prestigeobjekt 30

    Die anderen tibetischen Rassen 33

Die Zucht in Europa

    Entdecker und Eroberer berichten 37

    Beginn der „modernen" Zucht in Europa 41

    Der Rassestandard 50

    „Do Khyi" oder „Show Khyi"? 64

    Die Zucht: streng kontrolliert 68

    Züchterinnen und Züchter berichten 86

Der Do Khyi als Familienhund

    Überlegungen vor dem Kauf 106

    Erziehung beginnt im Welpenalter 116

    Futter, Pflege und Gesundheit 134

    Mehr als ein Wächter: Fans berichten 146

Informationen im Internet 162

Die abgebildeten Hunde 164

Die Herkunft: Hunde vom „Dach der Welt"

Tibet: sehr hoch, sehr kalt, sehr trocken

Tibet ist das größte Hochplateau der Welt. Es liegt auf einer Höhe von etwa 4000 bis 5500 Metern über dem Meeresspiegel. Daher wird das Land gerne als das „Dach der Welt" bezeichnet.

Das ursprüngliche Tibet hat eine Größe von mehr als 2,5 Millionen km², das ist fünf Mal mehr als Deutschland, Österreich und die Schweiz gemeinsam Fläche haben. Das heutige „politische" Tibet, die „Autonome Region" innerhalb der Volksrepublik China ist mit 1,2 Millionen km² nicht einmal mehr halb so groß. Die Region *Amdo* liegt zur Gänze, *Kham* zu einem großen Teil außerhalb des politischen Tibet.

Das Karakorum– und das Himalaya-Massiv bilden die Süd– und Westgrenze Tibets. Mount Everest (tibetisch: *Chomolungma* oder *Chomolaghpa*), Cho Oyu, Lhotse, Makalu und Manaslu sind nur einige der 14 Achttausender dieses Gebietes, die auf tibetischem Territorium stehen. In Westtibet liegt auch der heilige Berg *Kailash*.

Das Gebiet des Hochhimalaya geht über in das riesige Becken des *Tsangpo* und seinen Nebenläufen. Wichtige Städte und Kulturstätten wie *Shigatse* oder *Samyo* liegen im Flusstal. Durch die Hauptstadt *Lhasa* fließt sein Nebenfluss *Kyichu*.

Nördlich des Beckens schließt das Gebiet des Trans-Himalaya an. Unzählige Gipfel mit mehr als 6.000 m Höhe wurden noch nie bestiegen. Manche tragen bis heute keinen Namen. Dieses Gebiet wird vom *Jangthang* abgelöst, den „nördlichen Ebenen".

Auch der Nordosten Tibets wird von einer Gebirgskette abgeschlossen, dem *Kunlun* mit Gipfeln bis zu 7.700 Metern Höhe.

Die Geographie des Landes spielt eine wesentliche Rolle für das Klima des südasiatischen Kontinents. Der Tsangpo ist unter dem Namen Brahmaputra besser bekannt und ist einer der wichtigsten Flüsse Indiens. Die Quellgebiete des Ganges liegen in Westtibet. Der Yangtse und der Mekong entspringen im osttibetischen Kham. Der Trans-Himalaya ist die bedeutendste Wasserscheide des Landes. Die Ströme im Norden speisen abflusslose, salzige Seen. Am bekanntesten ist der 1.940 km² große *Nam Tsho*.

Blick auf den Mount Everest aus dem Basislager in Tibet.

Vor allem in Zentraltibet ist es extrem trocken. Das Himalaya-Massiv schirmt das Gebiet vor den Monsunregen des indischen Subkontinents ab. Das angenehmste Klima herrscht in den tiefer gelegenen Regionen um Lhasa und in Osttibet. Die Durchschnittstemperatur in Lhasa beträgt acht Grad Celsius. Durch die starke Sonneneinstrahlung kann es tagsüber aber sehr schnell vergleichsweise warm werden, die Temperaturen können in den Sommermonaten um die Mittagszeit die 20-Grad-Marke überspringen.

Die Nordhälfte Tibets ist dagegen Permafrostgebiet mit einer Durchschnittstemperatur unter null Grad. Ganz anders in Osttibet: Hier herrscht ein nahezu subtropisches Klima mit üppiger Vegetation.

Bedrohte Natur

Immer größere Landstriche verwüsten. Das immense Wachstum der Städte - allen voran Lhasa - sorgt für einen enormen Bedarf an Brennmaterial. In ganz Tibet entstanden neue Dörfer und Städte, gebaut von der chinesischen Regierung, um Nomaden sesshaft zu machen. Sie können nicht mehr auf ausreichend Yak-Dung als Brennmaterial zurückgreifen.

Die in vielen Landstrichen ohnehin schon sehr geringe Menge an Bäumen und damit Holz wurde großflächig vernichtet. Zwar gibt es bereits erste Schritte zur Aufforstung, aber gepflanzt werden schnellwüchsige Monokulturen.

Die chinesische Industrie in Tibet benötigt Strom. Gigantische Staudämme an den wichtigsten Flüssen sind in Bau und in Planung. Umweltschutz-Organisationen warnen, dass es kaum gefährlichere

Orte für derart massive Eingriffe in die Natur gibt. Sie fürchten geologische Katastrophen wie vermehrte Erdbeben.

Die Dämme verändern nicht nur die Natur in Tibet selbst massiv, sondern bedrohen das Klima des gesamten Subkontinents. Die indische Regierung fürchtet um das Trinkwasser für mehrere hundert Millionen Menschen, die Bewässerung der indischen Felder ist akut gefährdet.

Angebliche Pläne, Flüsse aus Tibet umzuleiten, um beispielsweise den akuten Wassermangel in Peking zu beheben, bestreitet die chinesische Regierung.

Sand und Wind beherrschen Zentraltibet, die Wüste breitet sich aus.

Von der Monarchie zur chinesischen Herrschaft

Vor mehr als 2000 Jahren ...

Die tibetische Mythologie erzählt, ein Fremder sei von einem Berg herab gestiegen. Von zwölf Weisen nach seiner Herkunft befragt, wies er auf den Himmel. Sie schlossen daraus, er sei ein Sohn des Himmels. Sie hoben ihn auf ihren Nacken und gaben ihm den Namen *Nyatri Cenpo*, übersetzt der „Nackenthron-König".

Tatsächlich beginnt Tibets Zeitrechnung 127 Jahre vor Christi Geburt. *Nyatri Cenpo* wurde in diesem Jahr zum König der zentraltibetischen Stämme gekrönt. Die Herrschaft seiner Dynastie mit insgesamt 41 Königen dauerte 969 Jahre.

Bön-Einflüsse in heutigen tibetisch-buddhistischen Ritualen.

Im Jahr 617 nach christlicher Zeitrechnung kam *Songtsen Gampo* an die Macht. Er errichtete den Königssitz in Lhasa und erweiterte das Reich nach Westen und Nordosten. Tibet wurde zum Großreich. In dieser Blütezeit wurde die dezentralisierte Nomadengemeinschaft Tibets zu einem zentral regierten Staat.

Aus politischen Gründen heiratete *Songtsen Gampo* zunächst die nepalesische Prinzessin *Bhrikuti*. In ihrem Gefolge kamen Künstler ins Land, die wesentlichen Einfluss auf die Architektur gewannen. Auch Priester befanden sich in ihrem Gefolge. Die erste Phase der Bekehrung zum Buddhismus setzte ein.

Einige Jahre später wurde die chinesische Prinzessin *Wencheng* die zweite Gemahlin *Songtsen Gampos*. Durch diese Heirat konnte der Krieg zwischen Tibet und China beendet werden.

Songtsen Gampo ließ eine eigene tibetische Schrift entwickeln, um buddhistische Werke in die Landessprache übersetzen zu können. Buddhismus und die wesentlich ältere Naturreligion Bön existierten über lange Zeit parallel.

Um 775 n.Chr. gründete der indische Gelehrte *Padma Sambhava* in Samye das erste buddhistische Kloster.

Tibetische Mönche: eine politische Heirat brachte den Buddhismus ins Land.

Die Anhänger der Bön-Religion wurden nach unzähligen Auseinandersetzungen „verbannt": wie die heidnischen Rituale im Christentum wurde Bön vom Buddhismus vereinnahmt. 779 wurde der Buddhismus zur Staatsreligion erhoben.

Anfang und Mitte des 9. Jahrhunderts führten die Spannungen zwischen buddhistischen Strömungen einerseits, zwischen dem Adel und den Mönchen andererseits zum Zerfall des Großreiches. Buddhisten-Verfolgungen waren die Folge, Bön-Gelehrte kehrten zurück.

Im 10. Jahrhundert kam es zur zweiten Phase der Bekehrung. König *Yeshe Ö* initiierte und förderte den buddhistischen Glauben. Zahlreiche bedeutende Klöster wie *Sakya* oder *Rateng* entstanden. Philosophische Schulen wurden begründet und bilden heute noch die Basis der verschiedenen buddhistischen Strömungen in Tibet.

Einer der heute noch berühmtesten Gelehrten dieser Zeit ist *Milarepa* (1040—1123), dessen Meditations-Höhle ein Anziehungspunkt für Tourist_innen ist.

Die folgenden Jahrhunderte waren geprägt durch die Mongolen. *Dschingis Khan* einte die mongolischen Stämme und errichtete sein riesiges Reich. Auch Tibet fiel unter seine Herrschaft.

Die Herrschaft der Gelugpas

1357 wurde *Tsongkhapa* geboren. Der buddhistische Gelehrte gilt als Gründer der „Gelugpa-Schule" oder „Gelbmützen", einer tibetisch-buddhistischen Strömung. Er löste eine Bewegung aus, in deren Folge große Klöster und Lehrzentren wie *Ganden*, *Drepung*,

Sera oder *Tashilhünpo* entstanden. Zweihundert Jahre später wurden die Gelugpa zur vorherrschenden religiösen und weltlichen Macht Tibets.

Der Gelugpa-Mönch *Sönam Gyatso* erhielt im Jahr 1578 vom mongolischen Khan den Titel *Dalai Lama*.

Rückwirkend wurde Tsongkahpas Neffe und Gründer des Kloster Tashilhünpo, *Gendün Dub*, zum ersten und der Abt von Drepung, *Gendün Gyatsho*, zum zweiten Dalai Lama ernannt.

Der fünfte Dalai Lama *Ngawang Lozang Gyatsho* (1617-1682) wurde zum Begründer der lamaistischen Autokratie. Er war erstes politisches und religiöses Oberhaupt Tibets. Unter seiner Herrschaft wurde der Potala als Sitz des Dalai Lama in Lhasa gebaut.

Die folgenden Jahrhunderte waren wieder geprägt von Kriegen gegen die Mongolen und die Chinesen. Immer

Die Statue von Tsongkhapa in Ganden.

wieder wurde der Dalai Lama in seinen Wiedergeburten entführt und ermordet. Einige von ihnen erreichten nicht einmal die Volljährigkeit.

Unter dem 13. Dalai Lama (1876-1933) wurden umfassende Reformen durchgeführt. Britannien und Russland suchten diplomatische Beziehungen. China bemühte sich, seinen Einfluss aufrecht zu erhalten.

1904 unternahmen die Briten eine militärische Expedition nach Tibet unter der Leitung von Colonel Younghusband. Tibet musste sich ergeben, die Briten verliehen den Chinesen das Recht zur Eröffnung von Handelsniederlassungen in Tibet.

1911 wurde die Chinesische Republik ausgerufen. Im Jahr darauf verließen die letzten chinesischen Truppen Tibet. Dennoch versuchte China, über den Pan-

Der „Dzong", die Befestigungsanlage in Gyantse, galt bis zur blutigen Erstürmung durch Colonel Younghusband jahrhundertelang als uneinnehmbar.

chen Lama seinen Einfluss in Tibet aufrecht zu erhalten. Der 13. Dalai Lama *Thubten Gyatso* flüchtete 1923 in die Mongolei.

Die Briten förderten zu diesem Zeitpunkt den Ausbau der Infrastruktur. Ein Postdienst mit dem Ausland, eine Münzprägeanstalt und Papiergeld wurden eingeführt, eine Polizeitruppe aufgestellt.

Politisch isolierte sich Tibet erneut. Das Land schottete sich durch seine restriktive Einreisepolitik vom Ausland ab. Im Juni 1935 wurde der gegenwärtige 14. Dalai Lama *Tenzin Gyatso* geboren.

Von China „friedvoll befreit"

Als Indien im Jahr 1947 von Großbritannien unabhängig wurde, verlor auch Tibet einen wesentlichen politischen Partner und diplomatische Unterstützung. 1949 proklamierte *Mao Zedong* die „Kommunistische Volksrepublik China". Die tibetische Regierung verwies noch alle chinesischen Beamten des Landes. Im Oktober 1950 fand jedoch die Invasion durch chinesische Truppen in Tibet statt.

Im November 1950 übernahm der erst 15jährige Dalai Lama Tenzin Gyatso die Regierungsgeschäfte. Die Tibeter_innen trugen ihre Situation den Vereinten Nationen vor. Einzig El Salvador verurteilte die Vorgangsweise Chinas, alle anderen Mitglieder enthielten sich der Stimme.

Im Mai 1951 wurde eine tibetische Delegation in Peking gezwungen, das „17-Artikel-Abkommen" zu unterzeichnen. China verpflichtete sich darin, weder das Regierungssystem Tibets noch den Status des Dalai Lama anzufechten. Umgekehrt musste Tibet die Herrschaft Chinas anerkennen. 1954 wurde Tenzin Gyatso sogar zum stellvertretenden Vorsitzenden des „Ständigen Ausschusses des Nationalen Volkskongresses" gewählt. China selbst hielt sich nie an das Abkommen, die Position im Ausschuss brachte dem Dalai Lama keinerlei Vorteil oder Einfluss.

Am 10. März 1959 kam es in Lhasa zu einem Volksaufstand, der von den chinesischen Militärs brutal niedergeschlagen wurde. Der Dalai Lama konnte das Chaos dieser Tage nutzen, um ins indische Exil zu flüchten.

Erneut beriet die Vollversammlung der Vereinten Nationen über den völkerrechtlichen Status von Tibet. Eine Entscheidung wurde jedoch auf unbestimmte Zeit

Ein renoviertes Kloster mit chinesischen Wimpeln anstelle tibetischer Fahnen, mit Aluminium-Fenstern und Laminat-Böden.

vertagt. China reagierte darauf mit „politischer Säuberung". Bis zum Beginn der chinesischen Kulturrevolution 1966 wurden 90 Prozent aller Klöster und Kulturdenkmäler zerstört.

1960 fanden die ersten demokratischen Parlamentswahlen der Exilregierung Tibets statt.

Drei Jahre später verkündet der Dalai Lama eine demokratische Verfassung Tibets.

1965 gründet die chinesische Regierung die „Autonome Region Tibet". Das ursprüngliche Land wurde damit um mehr als die Hälfte verkleinert.

Im Jahr 1989 wurde das Kriegsrecht über Lhasa verhängt. Zuvor waren Berichte über gewaltsam niedergeschlagene Demonstrationen in ganz Tibet gegen die chinesische Herrschaft an die Weltöffentlichkeit gelangt.

Der Dalai Lama setzte sich weltweit für die Befreiung Tibets ein. Prominente Persönlichkeiten und viele Organisationen, Vereine und Komitees versuchten, Tibet zu unterstützen. Im Oktober 1989 wurde dem Dalai Lama in Oslo der Friedensnobelpreis verliehen.

Von Heinrich Harrers 7-Jahre-Idylle zur Realität um Olympia 2008

In Europa wurde Tibet als Land erstmals 1953 verstärkt wahrgenommen. In diesem Jahr erschien die Erstauflage von Heinrich Harrers Buch „Sieben Jahre in Tibet. Mein Leben am Hofe des Dalai Lama". Das Buch wurde in mehr als 60 Sprachen übersetzt und 1997 in Hollywood verfilmt.

Etwa ab den 1980er Jahren wurde Tibet als Reiseziel beliebter. Zunächst war es nur einzelnen Personen möglich, das Land zu bereisen. Spätestens zur Jahrtausendwende wurde es „schick", auch einmal in Tibet gewesen zu sein. Über Tourist_innen gelangten auch die ersten Nachrichten über massive Menschenrechtsverletzungen an die Weltöffentlichkeit.

Für einiges Aufsehen sorgte der Film „Flucht über den Himalaya" von Maria Blumencron im Jahr 1999. Darin begleitet sie tibetische Kinder, die im Winter von ihren Eltern über den Himalaja ins indische Exil geschickt werden.

China entdeckte den Tourismus als willkommene Einkommensquelle. Für Reisegruppen wurde die Einreise erleichtert. Die Eröffnung der Bahnstrecke zwischen Peking und Lhasa im Jahr 2006 führte zu einem Anstieg des Tourismus um etwa 60 Prozent. Die meisten Tourist_innen kamen aus China selbst. Sie wollten den exotischen Teil „ihres" Landes besichtigen .

Chinesische Fremdenführer_innen wurden eingesetzt, die jedoch mit der tibetischen Kultur sehr respektlos

Protest an der Außenmauer des tibetischen Viertels in Delhi.

umgingen. Ihre lauten Erläuterungen übertönten die betenden Mönche in Versammlungshallen. Heilige Statuen umrundeten sie gegen den Uhrzeigersinn - für Tibeter_innen eine Entwürdigung.

Unzählige Klöster wurden wieder aufgebaut. Allerdings benötigten Mönche eine Lizenz. Wer den Potala, den Sitz des Dalai Lama in Lhasa, besichtigen wollte, musste sich Tage vorher für eine Eintrittskarte anmelden.

Erst durch die Olympischen Spiele 2008 in Peking kam Tibet in den Mittelpunkt der medialen Berichterstattung. Die jahrzehntelange Unterdrückung führte zu massiven Protesten in Tibet. Ihren Höhepunkt fanden sie am 10. März, dem Jahrestag des ersten Volksaufstandes 1959.

Wieder waren es Tourist_innen, die Bilder von der Brutalität der chinesischen Militärs aus dem Land brachten. Bilder von gewalttätigen Mönchen, die von China selbst verbreitet wurden, erwiesen sich später als Fälschungen. Weltweit fanden Solidaritätskundgebungen statt. Mönche wurden zur „Umerziehung" in Lager verschleppt, Gefangene gefoltert.

Seit 2008 ist die Hauptstadt Lhasa ab Mitte Februar bis Mitte April für Tourist_innen gesperrt. Die chinesische Regierung fürchtet neuerliche Ausschreitungen. Aber auch in den anderen Monaten ist die Polizeipräsenz in Lhasa enorm.

Die Zahl der Selbstverbrennungen, mit denen Tibeter_innen gegen die chinesische Herrschaft protestieren ist bereits auf etwa 150 gestiegen.

Anfang 2009 gab der regionale Volkskongress der Autonomen Region Tibet bekannt, dass künftig am 28. März die „Befreiung der Tibeter von der Leibeigen schaft" gefeiert wird. Exiltibeter_innen weltweit wurden damit ein weiteres Mal vor den Kopf gestoßen.

Mitte des Jahres 2016 rückten in *Larung Gar,* dem größten Kloster und Buddhimus-Akademie in Ost-Tibet chinesische Arbeiterkolonien an. Bis dahin lebten mehr als 10.000 Mönche und Nonnen in diesem Komplex. Die chinesische Regierung will ihre Zahl auf unter 5.000 senken und zerstörte daher große Teile des Kloster-Areals.

Der 10. März spielt in der internationalen Tibet-Bewegung eine große Rolle. Weltweit finden Solidaritätskundgebungen statt, tibetische Flaggen werden auf vielen privaten und öffentlichen Gebäuden gehisst.

Hunde in Tibet: Schutz, Wärme und Glaube

Von Schädelknochen und Übertreibungen

Aus der Zeit 950 bis 150 vor Christus stammt der Fund eines Schädelknochens eines Hundes in Zentralasien. Die Knochenform entspricht etwa der des kleinen Tibet Spaniel.

In den Chroniken der chinesischen Chin-Dynastie (225 -206 v.Chr.) werden erstmals kleine Hunde erwähnt. Etwa um diese Zeit haben sich die ersten Handelswege vom Mittelmeer in den Fernen Osten entwickelt, darunter auch die Seidenstraße. Es ist sehr wahrscheinlich, dass über diese Wege auch Hunde nach Europa kamen. Die zentralasiatischen kleinen Hunde

Do Khyi in einem Dorf in Ost-Tibet.

gelten als Vorfahren der europäischen Kleinhunde-Rassen. In Tibet selbst sind Hunde erst nach der Einführung der Schrift nachweisbar. Tibetische Herrscher brachten immer wieder kleine Hunde als Geschenk an den chinesischen Kaiserhof. Die langhaarigen Lhasa Apso und die kurzhaarigen Tibet Spaniel wurden auf diese Weise zu Glücks- und Friedensbringern. Dort soll aus der Kreuzung von Pekingesen und Lhasa Apsos der Shih Tzu entstanden sein.

Die frühesten Berichte in Europa über Hunde in Zentralasien stammen von Marco Polo (ca. 1254-1324). Er stammte aus einer venezianischen Handelsfamilie. Papst Gregor X. gab Marco Polos Vater Niccolo den Auftrag, zum mongolischen Großkhan zu reisen. Er sollte zum Christentum bekehrt und als Verbündeter gegen den Islam gewonnen werden.

Zurück in Europa schrieb Marco Polo „Das Buch von den Wundern der Welt". Darin behauptet er, 17 Jahre lang am Hof des Großkhan gelebt und zum Präfekten ernannt worden zu sein. Das Buch wurde eine Art früher Bestseller. Er schreibt darin über den größten der tibetischen Hunde, den Do Kyhi: „...die Tibeter eine große Anzahl mächtiger und edler Hunde besitzen, die große Dienste beim Fang der Moschustiere leisten. Ihre Doggen sind so groß wie Esel und jagen vorzüglich wilde Tiere, vor allem wilde Ochsen (Yaks), sehr große und bösartige Tiere. Die Tibeter haben daneben noch manch andere Rassen von Jagdhunden."

Bis heute ist ungeklärt, ob Marco Polo tatsächlich jemals in China war. Zu Vieles ist in seinem Buch unerwähnt wie etwa die Chinesische Mauer, die er hätte sehen müssen. In China selbst fand sich bis heute kein Beleg für seinen Aufenthalt. Manche Forscher meinen, dass er lediglich Schilderungen anderer Kaufleute als seine eigenen Erlebnisse zusammengefasst hatte. Auch die starken Übertreibungen der Schilderungen sowohl der Hunde als auch der Yaks deuten eher auf eine Erzählung aus zweiter Hand hin.

Der Brite George Bogle berichtet im Jahr 1774 von einer Erkundungsreise nach Tibet. Er beschreibt die Haltung des Do Khyi, wie sie auch heute noch üblich ist: tagsüber angekettet, nachts frei gelassen.

Mitte des 19. Jahrhunderts schafften es etliche Briten aus dem kolonialisierten Nepal nach Tibet und berichteten über ihre Begegnungen mit Do Khyi.

Die Rasse dürfte sich seit Hunderten, wenn nicht Tausenden Jahren sehr wenig verändert haben. Die Abgeschiedenheit Tibets und das besondere Klima machten eine Veränderung dieser Hunde durch Anpassung an neue Lebensbedingungen nicht notwendig.

Ausschnitt aus einer historischen Landkarte im Norbulinka Institut in Dharamsala (Nord-Indien).

Der vierbeinige Begleiter Buddhas

Es ist kaum möglich, die buddhistische Lehre in wenigen Worten zusammen zu fassen. Im Hinblick auf das Zusammenleben mit Hunden sind zwei Aspekte wesentlich: Keinem Lebewesen darf Leid zugefügt werden. Jedes Wesen ist Teil eines ewigen Kreislaufs.

Teil der Lehre des Buddhismus ist die Wiedergeburt, wobei sich die Lebensform wandeln kann. Grundlage ist das *Karma*: die Fähigkeit der Wesen zu gezieltem, absichtsvollem Handeln. Tibetische Buddhist_innen streben ein möglichst positives Karma an, ein „gutes Leben" im Sinn von gutem Handeln.

Dieser Daseinskreislauf ist unmittelbar mit „Leiden" verbunden. Das „Mitleid" ist daher eine der höchsten

Ein alter Rüde völlig entspannt mitten in einem Dorf, das er nachts bewacht.

Tugenden. Erleuchtung bedeutet, diesen Kreislauf zu durchbrechen und letztlich ins *Nirvana* einzugehen.

Der Dalai Lama gilt als Wiedergeburt des *Bodhisattva Avalokiteshvara*, des „mitfühlenden Buddhas". Er ist somit ein *Tulku*, ein Erleuchteter, der den Menschen bewusst durch Wiedergeburt auf ihrem Weg zur Erleuchtung hilft. Schon daraus lässt sich ein sehr friedvoller Umgang mit allen Lebewesen ableiten.

Der Hund spielt im tibetischen Buddhismus eine über andere Tiere hinaus gehende zentrale Rolle. Buddha selbst soll von einem kleinen Hund begleitet worden sein, der sich bei Gefahr in einen Löwen verwandeln konnte. Damit könnte der Tibet Spaniel ebenso gemeint sein wie der Lhasa Apso.

Eine andere Legende erzählt, dass sündige Mönche in

Er hängt tagsüber an einer dicken Kette bei den Nomadenzelten.

ihrem nächsten Leben als Hunde wieder geboren werden. Manche Quellen beschreiben die Redensart „zum Hund gehen". Das ist eine Umschreibung für den Freitod eines Mönchs.

Speziell um den Do Khyi rankt sich eine ganz besondere Legende: Die Geburt eines schneeweißen Do Kyhi wird ein Zeichen sein, dass ein unterjochtes Land die Freiheit wieder erlangen wird.

Eine zentrale Figur der tibetischen Mythologie ist *Sengge* oder *Seng-Khyi*, der „Schneelöwe". Er hat eine enorme Ähnlichkeit mit den tibetischen Hunden: Ein quadratischer Fang, kräftige Pfoten, eine ausgeprägte Mähne und eine über den Rücken getragene Rute. Auch auf der tibetischen Fahne sind zwei Schneelöwen zu sehen.

Die kleinen Hunde wurden in Klöstern gehalten und hatten mehrere Funktionen. Als Wachhunde saßen sie auf erhöhten Plätzen und meldeten, wenn sich Fremde näherten. Durch sie alarmiert kamen die großen *Do Khyi* zum Einsatz und übernahmen die Schutzfunktion.

Die tibetische Flagge zeigt Schneelöwen.

Als Kulturgut beinahe ausgerottet

Bis zur chinesischen Kulturrevolution lebten Hunde in ganz Tibet. Mit den Chinesen kamen Hunde anderer Rassen nach Tibet. Die reinrassigen tibetischen Hunde wurden zum Teil von Mischlingen abgelöst.

Dennoch erhielten sich die Rassen. Bis vor wenigen Jahren waren in den Straßen der größeren Städte noch Tibet Spaniel zu sehen. In den Klöstern tummelten sich Tibet Spaniel und Lhasa Apso.

Nomaden halten auch heute noch einen oder zwei Do Khyi. Vielfach wird behauptet, diese Hunde würden die Herden beschützen. Das ist nur bedingt richtig. Die ursprünglichen Yak-, Ziegen– und Schafherden waren viel zu riesig, um von nur einem oder zwei Hunden beschützt zu werden. Die Hunde bewachen vielmehr die Zeltstädte der Nomaden. Do Khyi leben auch bei Bauernhöfen und in kleinen Dörfern.

Tagsüber hängen sie an starken Ketten. Ihr Name wird gerne mit „Anbindehund" übersetzt. Zwei andere Übersetzungen dürften aber eher stimmen:

„Do" bedeutet je nach Aussprache „Nomade" oder „Stein", „Khyi" ist der Hund. Sowohl „Nomadenhund" als auch „Steinhund" sind sinnvoll:

Der „Steinhund" könnte damit zu tun haben, dass sich Tibeter_innen selbst gegen fremde Do Khyi durch Steinwürfe wehren. Auf Märkten sind eigens geschmiedete Wurfstangen zur Abwehr erhältlich. Die Hunde lernen von klein auf, dass eine erhobene Hand mit einem Wurfgeschoß Schmerz verursachen kann und ziehen sich eher zurück.

„Nomadenhund" ist ebenso schlüssig, wurden sie doch in erster Linie von ihnen gehalten.

Ortsfremde tun gut daran, in der Nacht nicht spazieren zu gehen. Die Do Khyi werden von der Kette gelassen. Ein direkter Angriff ist unwahrscheinlich, solange seine Reviergrenzen respektiert werden. Nur wer sie - möglicherweise aus Unwissenheit - provoziert, muss mit einem Angriff rechnen.

Heinrich Harrer schreibt in seiner Autobiografie „Mein Leben" von „unliebsamen Begegnungen" mit Do Khyis. *„Einmal riss sich ein Dokyi los und sprang mir an die Kehle. Ich wehrte ihn ab, er verbiss sich in meinen Unterarm und ließ erst nach heftigem Ringkampf los. Die Kleider hingen mir in Fetzen vom Leib, dafür aber lag der Hund reglos am Boden. Mit den Resten meines Hemdes verband ich meine Wunden, die tiefe Narben hinterließen. (...) Wie mir die Sennen später erzählten, hatte nicht nur ich bei diesem Kampf mein Teil abbekommen, sondern auch der Hund, der eine Woche lang in einem Winkel lag und die Nahrungsaufnahme verweigerte."* Harrer erwähnt aber leider nicht, welche Signale des Hundes er zuvor völlig ignoriert hatte.

Auch ich, die Autorin dieses Buches, hatte eine nächtliche Begegnung mit einem Do Khyi-Rudel. Ich

Heinrich Harrer hat seinen „Respekt" vor Do Khyi nie verloren.

war in Tibet aus dem Hotel ausgesperrt und musste die Nacht im Regen auf der Straße verbringen. Eine Gruppe von etwa 15 Do Khyi hatte mich sehr schnell entdeckt. Meine vorsichtige Reaktion: Auf einen Stein setzen, bloß keinen Hund direkt anschauen.

Ein großer Rüde ist näher gekommen und hat mich gründlich beschnuppert. Die Hunde sind die ganze restliche Nacht immer auf zwei bis drei Meter Abstand geblieben, erst in der Morgendämmerung sind sie in unterschiedliche Richtungen davon gezogen. Die Tibeter_innen waren überzeugt, dass *Dölma* die Hunde davon abgehalten hatte anzugreifen. Ich denke, es war eher mein Wissen um das Verhalten von Hunden …

Das ohnehin schon beeindruckende Aussehen der kräftigen Hunde wird noch verstärkt: Sie bekommen häufig ein Halsband aus Strähnen rot gefärbter Yakwolle. Andere tragen starke Lederbänder mit lauten Glocken.

Die Ernährung der Hunde ist nach westlichen Begriffen sehr dürftig. Fleisch gibt es kaum. Sie bekommen Essensreste, oft *Tsampa*, einen Brei aus gemahlener und gerösteter Gerste. Viele sind dem entsprechend auch kleiner und zarter als ihre europäischen Nachfahren.

Original Do Khyi - Halsbänder

Do Khyi heute:
Touristenattraktion und Prestigeobjekt

Die Ursprünglichkeit des Do Kyhi ist in Gefahr. Mit dem wirtschaftlichen Aufstieg Chinas wurde Hundezucht zu einem Hobby der reichen Familien.

Chinesische Tourist_innen können in Souvenir-Shops Plüsch-Do Khyi in jeder Größenordung kaufen.

Sie feilschen um den Preis für ein Foto mit einem „aggressiven" Do Khyi.

Durch die Öffnung Tibets für den Tourismus wurden die Hunde ein begehrtes Souvenir für Familien. Für ranghohe Militärs gilt es als schick, einen möglichst scharfen Do Khyi zu besitzen.

Chinesische Tourist_innen bezahlen viel Geld für Fotos, auf denen sie auf dem Rücken eines geschmückten Yak oder neben einem „gefährlichen" Do Khyi zu sehen sind.

Die Folgen für die Hunde:

Tibet Spaniel und Apsos werden nur noch in Häusern gehalten, weil Diebsbanden sie von der Leine weg stehlen, um sie in China teuer zu verkaufen. Aus dem Straßenbild sind die kleinen Hunde daher verschwunden.

In China wurde ein

Zuchtverband für tibetische Hunde gegründet. Vor allem die Folgen für den Do Khyi sind dramatisch. In einem Zuchtbuch werden übergroße, viel zu schwere und hoch aggressive Tiere abgebildet und als besonders großartig beschrieben. Chinesische Züchter preisen ihre Hunde auf ihren Websites an: übergroße Typen mit extremer Behaarung, die mit dem tibetischen Urtyp nur noch wenig gemeinsam haben.

Oben: ein chinesisches Buch über den Do Khyi, unten: die Websites chinesischer Züchter

Auf der Suche nach Beschreibungen des Do Khyi auf diesen Websites fallen zwei Aspekte auf: Die Rede ist nach wie vor vom „Tibet Mastiff", der Name „Do Khyi" kommt nicht vor. Als „Standard" gibt es ausschließlich Größenangaben und Gewichtsideale.

Im Jahr 2009 ging ein Bericht durch die Medien, wonach eine Chinesin einen Do Khyi um 400.000 Euro als vermutlich teuersten Hund der Welt gekauft hatte. Fünf Jahre später wurde dieser Preis noch einmal weit überschritten: Ein chinesischer Makler bezahlte 1,4 Millionen Euro.

In der Zeitschrift „Stern" wurde berichtet, dass ein chinesischer Zoo einen Do Khyi in einen Löwenkäfig gesperrt hatte. Der Schwindel flog allerdings auf.

Angeblich wurden die ersten Do Khyi bereits geklont. Laut der Website „holidog times" wog der schwerste Do Khyi bereits 127 Kilo.

Im August 2016 erschien in der Zeitung „South China Morning Post" ein Artikel, in dem die „Gesellschaft zum Schutz von Tieren vor Gewalt" davor warnte, in Hongkong einen Do Khyi zu halten. Sie seien nicht für ein Leben in Großstadt-Wohnungen geeignet. Ein Sprecher der zuständigen Behörde gab an, dass in den drei Jahren zuvor 294 Haltungsgenehmigungen für Do Khyi ausgestellt worden waren.

Die Popularität der Hunde hat allerdings abgenommen. In etlichen Großstädten dürfen Hunde mit mehr als 20 Kilo nicht mehr gehalten werden.

Was allerdings mehr zählt: Die Regierung hat den Do Khyi als Bestechungsmittel erkannt. Die Hunde wurden von reichen Geschäftsleuten als Geschenk an Behörden-Vertreter_innen überreicht, um Entscheidungen zu beeinflussen. Das scheint mittlerweile nicht mehr möglich zu sein.

Die Hunde landen nun in Tierheimen, angeblich auch auf der Schlachtbank.

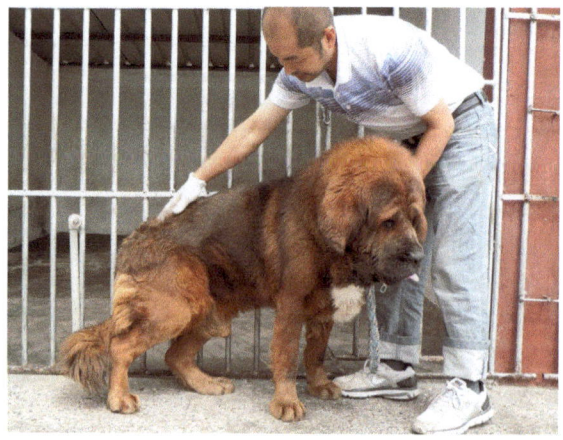
Chinesische Massen-Produktionsstätte.

Die anderen tibetischen Rassen

Aufgrund der Größe und Abgeschiedenheit des Landes hat sich eine Vielzahl von Hunden mit regionaltypischem Aussehen entwickelt.

Ebenfalls sehr groß ist der Shar Khyi. Er ist als Rasse von der FCI nicht anerkannt und wird in Europa nicht gezüchtet. Er ist schmaler als der Do Khyi, Mähne und Rute sind nicht so ausgeprägt. Er gilt als Jagdhund.

Der langhaarige Lhasa Apso und der kurzhaarige Tibet Spaniel dürften sich vermutlich aus einem Typ Hund entwickelt haben. Noch heute kommt es vor, dass bei reinrassigen Apso-Würfen ein kurzhaariger Hund dabei ist. Diese Hunde werden als *Prapso* (Perhaps an Apso) bezeichnet.

Tibet Spaniel in Lhasa

Die Geschichte beider Rassen ist in weiten Bereichen deckungsgleich oder kann nicht eindeutig einer der

Apso in Europa und in Tibet: nur die Frisur ist unterschiedlich ...

Tibet Terrier in Nepal und in Europa.

Ein Shar Kyhi, tibetischer Jagdhund.

beiden Rassen zugeschrieben werden.

Eine größere Variante des Apso ist der Tibet Terrier. Er wird in Tibet eher selten als „reinrassig" gezüchtet und lebt als Familienhund. Auch er ist eng verwandt mit Tibet Spaniel und Lhasa Apso. Oft sind die Grenzen zwischen einem zu großen Apso und einem kleinen Tibet Terrier nicht leicht erkennbar.

Die in Europa gezüchteten Apsos und Tibet Terrier unterschieden sich von ihren Vorfahren vor allem in der Frisur.

Nepal, Bhutan, Indien, Mongolei

Mönche auf Pilgerreisen, Nomaden auf der Suche nach fruchtbaren Weiden, Handel mit Salz und Wolle: Landesgrenzen spielten im Gebiet des Himalaya lange Zeit nur eine untergeordnete Rolle. Sie alle überquerten das Gebirge und brachten Hunde mit. Sie breiteten sich

dadurch über die gesamte Region im Süden des Himalaya aus.

Nach der chinesischen Invasion flüchteten Hunderttausende Tibeterinnen und Tibeter über das Gebirge in den Süden. Sie leben in Auffanglagern, gründeten Dörfer, Städte und Klöster. Viele von ihnen halten Hunde, darunter auch die reinrassigen tibetischen.

Vor allem über Nordindien fanden die ersten Hunde der Neuzeit ihren Weg nach Europa.

Auch in der Mongolei gibt es wunderschöne große Hunde, die mit den Nomaden leben. Sie haben große Ähnlichkeit mit dem Do Khyi und werden als „Mongol Bankhar" gezüchtet. Sie dürften lediglich einen etwas flacheren Oberkopf haben und sind insgesamt etwas leichter gebaut.

Es ist naheliegend,

Bankhar: die mongolische Verwandtschaft

dass diese beiden Rassen mit einander verwandt sind. Eine polnische Do Khyi-Zuchtstätte nennt sich sogar „Bankhar Ratna". Möglicherweise würde ein aus der Mongolei importierter Bankhar in Europa als Do Khyi anerkannt und in die Zucht aufgenommen werden.

Die Hunde werden über den Mongolischen Verband gezüchtet. Der Verband ist bislang nur Vertragspartner, aber noch nicht Mitglied der FCI. Auch die Rasse ist von der FCI noch nicht anerkannt.

Bankhar auf einer Hundeausstellung in Ulanbatur

PHOTO BY CHINBOLD

Die Zucht in Europa

Entdecker und Eroberer berichten

Erstmals in Europa „gezeigt" wurden „Thibet Dogs" schon vor 1830 im Zoologischen Garten in London unter König Geoge IV. Das exotische, geheimnisvolle und unzugängliche Land Tibet faszinierte die Entdecker dieser Zeit. Bereits aus den Jahren 1774 und 1783 gibt es Beschreibungen der Do Khyi von Teilnehmern britischer Expeditionen.

1847 schenkte der spätere Vizekönig Indiens, Lord Hardinge, Queen Victoria eine Rüden namens „Bout". Ein weiterer Rüde „Siring" wurde 1874 von Edward VII nach England gebracht, wo er auf etlichen Ausstellungen gezeigt wurde.

Der Wiener Kynologe Leopold Fitzinger fasste bereits im Jahr 1885 alle vorhandenen Beschreibungen zusammen. Er hielt den Do Khyi für eine Abänderung des „Bullenbeissers", eines heute ausgestorbenen Typs der englischen Bulldogge. Im Jahr 1901 wurde „Die prähistorischen Hunde in ihrer Beziehung zu den gegenwärtig lebenden Rassen" von Dr. Theophil Studer veröffentlicht. Er war überzeugt, dass der Do Khyi aufgrund seiner Schädelmasse einer „seit langer Zeit domestizierten Rasse" angehört und dem Dingo nahe verwandt sein müsse.

Im Jahr 1897 veröffentlichte der Schweizer Kynologe und „Forstmeister" Max Siber sein Werk „Der Tibethund" nach einigen Reisen im Himalaya. Er schrieb:

„Bemerkenswerth ist immerhin, dass die grössten, stärksten und schwersten Hundeformen gerade in den mächtigsten Gebirgen vorkommen, die relativ un-

fruchtbar sind und durch ihre Terrainverhältnisse und die bedeutende Meereshöhe, welche meist ein rauhes und unwirthliches Klima bedingt, die Productionsverhältnisse ungünstig machen. [...] Es ist anzunehmen, dass im Gebirge der harte Kampf ums Dasein eine starke, kräftige, schwere Art ausgebildet hat, alle schwächlichen Individuen erlagen in diesem, nur die stärksten, zum Leben unter jenen Verhältnissen sich am besten eignenden, blieben zurück und bildeten so die kräftigen Gebirgsthiere der europäischen Alpen und des Himalayas. Tibet– und St. Bernhardshund zeigen trotz der Tausende von Kilometern, die sie trennen, vielfache Uebereinstimmung (…)."

Zeichnungen von Richard Strebel
oben: 1897, nach Diktat von Theophil Studer
unten: 1904, korrigierte Version

Dafür diktierte er dem Zeichner Richard Strebel das Aussehen eines Do Khyi. Er übertrieb dabei maßlos, um die Verwandtschaft mit dem Bernhardiner auch im Bild zu dokumentieren.

Strebel gab wenige Jahre später selbst ein frühes Standardwerk der Kynologie heraus: „Die deutschen Hunde. Ein ausführliches Handbuch über Zucht,

Führung und Pflege des Hundes." Darin bezeichnet er die erste Zeichnung des Do Khyi als „Karikatur". Er zeichnete eine korrigierte Version der Rasse.

Gegen Ende des 19. Jahrhunderts kam eine neue Theorie auf, die bis heute immer wieder nachlesbar ist: Der Do Khyi sei der Urahn aller Herdenschutzhunde Europas. Die Gentechnik lieferte den letzten und deutlichsten Beweis dafür, dass diese Annahme falsch ist.

In den Jahren 1903 und 1904 gelangte die Younghusband Expedition über Nepal nach Süd-Tibet. Einige Teilnehmende nahmen Do Khyi und andere Hunde mit. Darunter war auch die Gattin von Colonel Eric Bailey, Irma. Sie schrieb etliche Artikel über Do Khyi und weckte damit erneut das Interesse an diesen Hunden. Das Ehepaar Bailey war maßgeblich an der Entwicklung der ersten Rassestandards in den frühen 30er Jahren beteiligt. Ihre Zuchtlinie endete aber durch den Zweiten Weltkrieg im Jahr 1945.

Auch einen ungarischen Forschungsreisenden verschlug es 1880 nach Ostasien: Graf Béla Széchenyi. Der österreichische Offizier Kreitner begleitete ihn als Historiograph. Széchenyi erwarb zwei Rüden und eine Hündin dieser „prachtvollen tibetanischen Hunde". Das Pärchen Dschandu und Sama wurden in das Schloss des Grafen in Zinkendorf am Neusiedlersee gebracht. Über den dritten Hund schreibt Kreitner:

„Anders betrug sich Dsamu. Als entschiedener Feind alter Europäer duldete er keinen von uns in seiner Nähe, ja er biss wiederholt den Grafen, der ihm durch Verabreichung des Futters zu zähmen versuchte und zerfleischte ihm einmal bei einer solchen Gelegenheit in sehr bedenklicher Weise die rechte Hand. Fast in

jedem Nachtquartier sorgte der Hund für unsere Verproviantierung, indem er regelmässig allen Hühnern und Schweinen, die sich in seine Nähe verirrten, erbarmungslos die Wirbelsäule brach."

Ludwig Beckmann, wie Strebel Kynologe und Tierzeichner, portraitierte die beiden Hunde des Grafen und veröffentlichte das Bild in einem weiteren Standardwerk „Geschichte und Beschreibung der Rassen des Hundes" im Jahr 1895.

Die Hunde des Grafen Béla Széchenyi, gezeichnet von Ludwig Beckmann

Beginn der „modernen" Zucht in Europa

Von Indien in die Schweiz

Die heutige Zucht der Do Khyi in Europa nahm ihren Anfang in der Schweiz. Der Biologe Dr. Gerhard Eichenberger lebte einige Jahre in Indien, Nepal und Bhutan und brachte ein Do Khyi-Paar mit: Castor und Droyma.

Stefan Dähler, später selbst Züchter, berichtete im KTR-Reporter Nr 2 1988 darüber, wie Gerhard Eichenberger zu seinen Hunden gekommen war:

Ein anständiger Sherpa oder Drukpa verkauft keine Hunde, und schon gar nicht an irgendeinen Fremdling. Hunde verschenkt man, und zwar an Freunde und gute Bekannte. Geri bat deshalb seine einheimischen Gehilfen, die Augen offen zu halten [...] ... und 1972, als eigentlich niemand mehr ernsthaft daran dachte, kam Geleg eines Tages doch tatsächlich mit einem jungen TM nach Kathmandu herunter. Er hatte den Kleinen irgendwo im Khumbu von einem Freund erhalten und gab ihn nun an seine Freunde weiter. So stimmte die Sache mit dem Anstand und Eichenbergers waren mit ihrem „Castor" mehr als nur zufrieden.

Der Junghund aus dem Khumbu war nicht von ungefähr ein Rüde, denn mit der Vergabe von Hündinnen waren die Bergler noch um etliches zurückhaltender. Trotzdem sollte es Geri und Marianne im folgenden Jahr

Castor, 1979

gelingen, sich auch ein Mastiffmädchen zu ergattern. [...], wo sie auf das jämmerliche kleine Bündel trafen. Droyma war an Staupe erkrankt und hatte nach einheimischen Begriffen keinerlei Überlebenschancen.

Die Anerkennung als „echte Tibetan Mastiffs" wurde zunächst verwehrt. Am 2. Februar 1978 brachte Droyma dennoch in der Nähe von Luzern ihren einzigen Wurf mit vier Welpen.

Der international hoch angesehene Hundefachmann Dr. Hans Räber war damals Zuchtbuchführer in der Schweizerischen Kynologischen Gesellschaft. Er trug Eltern und Nachwuchs in das Zuchtbuch ein.

Ein Rüde aus dieser Zucht, Althan, ging zu Stefan Dähler. Er verstand den Do Khyi bereits als tibetisches Kulturgut und seine Zucht als Beitrag zur Erhaltung dieser Kultur. Er wurde zu einem Pionier der Do Khyi – Zucht. Mit der aus den USA importierten Hündin

Althan aus dem ersten Wurf in der Schweiz

„Ausables Qwan Yin" fiel in seinem Zwinger „Gesar" am 26. November 1980 sein erster Wurf. Bis 1996 züchtete Stefan Dähler mit Importhunden aus Indien.

Seine Frau Daniela Dähler meinte in einem Email über das Ende Ihrer Zucht: *„Der Do Khyi ist zuschanden gezüchtet worden, wohl weltweit. Gen-Defekte, PRA und Epilepsie sind nur Randerscheinungen. Er ist zum Salon-Teddy verkommen."*

Im Jahr 1986 begann auch Thomas Wechsler zu züchten. Bis 2003 fielen Würfe in seinem Zwinger „Tanggula Shan".

Im Jahr 2011 fiel in der Schweiz der bislang letzte Do Khyi-Wurf.

Der Schweizer Zuchtverband nennt die Rasse seit 1994 „Do Khyi". Ein eigener Klub entstand im April 1996, der sich im Jänner 2017 in eine Interessengemeinschaft verwandelte.

Holland: heute noch in vielen Stammbäumen

Nol Kraaij ist ein weiterer Pionier der Do Khyi - Zucht. Sein erster Import aus Indien war allerdings mit etlichen Problemen behaftet. Eine schwedische Freundin, Sri Wastava, war mit einem Inder verheiratet. Über diesen Weg wurde Kontakt mit dem indischen Zuchtverband aufgenommen - und erhielt prompt die Warnung, „derart aggressive, wilde Hunde" zu importieren.

Der Indische Züchter Herr Grewal versprach, aus dem nächsten Wurf vier Welpen nach Holland zu schicken. Sie wurden am 29. Dezember 1977 geworfen. Ihre Reise endete aber zunächst schon am Flughafen in Delhi, weil die reservierten Plätze im Flugzeug nicht vorhanden waren.

Jan Ravensburg, ein Mitarbeiter der holländischen Botschaft in Indien und Besitzer etlicher Apsos, nahm die Welpen mehrere Wochen zu sich, bis sie letztlich doch in Amsterdam ankamen. „Tashi" und „Nima" blieben bei Sri Wastava, „Grey King" und „Dolma" kamen zu Herrn Kraaij. Jan Ravensburg schickte ihm einige Monate später eine weitere Hündin: „Desaal's Rani Sadiya", genannt Smokey.

Als Jan Ravensburg später selbst in die Niederlande zurück kehrte, brachte er nicht nur drei Apsos, sondern auch sechs Do Khyi mit. Er selbst züchtete unter dem Zwingernamen „Van Chattang". Zwischen 1979 und 1986 fielen nur fünf Würfe, erst 1995 wurde die Zucht fortgesetzt.

Bei Herrn Kraaijs kam er erste Wurf unter dem Zwingernamen „van Desaal" ebenfalls im Jahr 1979 zur Welt, am 9. Jänner. Er hat alle Welpen von Smokey behalten. Mit den vier Hündinnen wurde weiter gezüchtet, ihre Namen sind in unzähligen Stammbäumen in Europa und den USA zu finden: „Rakaposhi Rajkumari", „Makalu Rajkumari", „Cho-Oyu Rajkumari" und „Nanda Devi".

Beim zweiten Wurf in diesem

oben: Grey King und Dolma nach ihrer Ankunft in Amsterdam

unten: Delilah van Desaal

Zwinger kreuzen sich bereits die Schweizer und holländischen Wege: Herrn Dr. Eichenbergers Rüde Castor wurde Vater von Smokeys zweitem Wurf.

Bis zum Jahr 1984 fielen 25 Würfe im Zwinger van Desaal.

Auch ein berühmter Name findet sich in diesen Anfangsjahren: Der französische Schauspieler Alain Delon importierte selbst Hunde aus Nepal, darunter den Rüden „Samdup", der mehrfach für die Zucht eingesetzt worden war.

Von Nepal nach Deutschland

Der Tibet Terrier-Züchter Manfred Boese erfüllte sich einen großen Traum, als er im Jahr 1977 „Tü-Bo" aus Nepal importieren konnte. Die Journalistin Ludmilla Tüting kaufte ihn um 600 Nepalesische Rupien. Er stammte aus dem später sehr anerkannten Zwinger „Saipal" von Jay Singh, dem Präsidenten des nepalesischen Zuchtverbandes. Der Name Tü-Bo ist eine Referenz an „Tüting—Boese".

Die Anerkennung als echter Do Khyi war zunächst schwierig, dann allerdings gewann der Rüde auf Ausstellungen unzählige Male und wurde drei Mal Weltsieger.

Für eine Zucht brauchte Manfred Boese auch eine Hündin. „Blanka" und „Blistrud" wurden am 3. Februar 1982 in Nepal geboren. Unter dem Zwingernamen „Yi-Dam" fielen sechs Würfe.

Zuständig für die Zucht war zunächst nur der KTR (Internationaler Klub für Tibetische Hunderassen e.V.), der bereits 1967 gegründet worden war und dem „Verband für das Deutsche Hundewesen" (VDH) angehört.

Wie in jedem Verein - ob Briefmarkensammler oder Fliegenfischer - gab es immer wieder einige, die sich vom Klub distanzierten, um eigene Interessen in den Vordergrund zu stellen. Der erste war Manfred Boese, der einen eigenen Klub gründete. Daher gibt es aus seiner Linie kaum Nachzucht, „Tü-Bo" ist in den Stammbäumen heutiger Do Khyi kaum mehr zu finden.

Unter dem Namen „Marco Polos King of Tibet" begann Michaela Krebber zu züchten. Ihr erster Wurf fiel 1987. Sie züchtet bis heute und importiert mittlerweile alle Hunde aus ihren Ursprungsgebieten selbst. Aber auch sie hat den KTR verlassen.

Tübo und Suzie: die beiden ersten Do Kyhi in Deutschland

Ende des Jahres 2016 wurde in Deutschland ein zweiter Klub gegründet, dessen Aufnahmeantrag in den VDH läuft.

Daneben gibt es weitere Vereine, die meist von Einzelpersonen gegründet wurden. Sie unterliegen aber nicht denselben strengen Kontrollen.

Aktuell dürfte es in Deutschland nur eine Handvoll Züchter_innen geben, die tatsächlich aktiv sind und sich um den Erhalt dieser alten Rasse kümmern.

In Deutschland wurde um das Jahr 2000 der „Tibet Mastiff" oder die „Tibet Dogge" in die Diskussionen um Kampfhunde einbezogen. Er wurde zum „Listenhund". Allein in Düsseldorf demonstrierten 7.000 Menschen am 18.11.2000 gegen die Landeshundeverordnung mit ihren Hunden. Auch zwei Do Khyi waren dabei, begleitet von Apsos. Das führte auch zu einem Antrag des KTR (Internationaler Klub für Tibetische Hunderassen e.V.) an den Verband für das Deutsche Hundewesen, den Namen „Do Khyi" für Deutschland verbindlich zu machen. Die Proteste hatten Erfolg, heute ist der Do Khyi in keinem deutschen Bundesland mehr gelistet.

Österreich

Der erste Do Khyi in Österreich war ein Importrüde aus den USA, geworfen bereits am 17.1.1977. „Langtang Kalu Nyi-Pa" lebte am Millstätter See. Der Rüde erhielt irrtümlich die Zuchtbuchnummern 1 und 2.

Die erste Züchterin war Kriemhild Pöschl. Ihre erste Hündin war „Anju vom Pfaffenteich" aus der Yi-dam-Linie, die am 14.1.1984 sieben Welpen warf. Sie

musste aber nach einem Biss durch einen Schäferhund eingeschläfert werden.

Ihre zweite Hündin „Pearl van Desaäl" brachte 1987 neun Welpen. Bis 1995 fielen sechs Würfe unter dem Zwingrnamen „Hi".

Im Jahr 1987 fiel auch bei der zweiten österreichischen Züchterin der erste Wurf, Maria Mayerl. Sie ließ bereits unter der Nummer

oben: Hi Jampal aus der ersten Zucht in Österreich;
unten: Kiara, die erste Hündin im Zwinger Günga Nima's

11 den Rüden „Fang" eintragen, Import aus Indien. Sie züchtete mit ihm und einer Hündin von Kriemhild Pöschl., beließ es aber bei zwei Würfen unter dem Namen „vom Lhotse Shar".

Knapp zehn Jahre gab es keine Do Khyi-Zucht in Österreich. Erst im Jahr 2004 fiel wieder ein Wurf bei Michaela Panzenböck im Zwinger „Günga Nima's". Mittlerweile wurden elf Mal Welpen aufgezogen.

Modehund in Osteuropa

Vor allem in Tschechien und Polen gibt es enorm viele Do Khyi-Züchter_innen, ebenso in Estland und Russland. Die Rasse mutiert zu einem Modehund und scheint als Ersatz für die ursprünglichen Herdenschutzhunde zu werden.

Neben einigen sehr seriösen Zuchtstätten gibt es leider immer mehr „Produktionsstätten".

Der Rassestandard schafft keine „Norm"

Schon im Jahr 1911 wurde die Fédération Cynologique Internationale (FCI) gegründet. Diese Vereinigung ist die Weltorganisation der Kynologie. Nationale Dachorganisationen aus 92 Staaten sind Mitglied oder Partner.

Von der FCI werden derzeit 344 Rassen (Stand Februar 2017) anerkannt. Für jede dieser Rassen gibt es einen Standard. Darin werden Aussehen und Charakter einer Rasse beschrieben, teilweise auch die ursprüngliche Verwendung.

Zuständig für die Erstellung des Standards ist jeweils das Ursprungsland. Die tibetischen Rassen sind eine Ausnahme: Die FCI selbst hat dieses so genannte „Patronat". Standards werden immer wieder überarbeitet, der gültige Standard für den Do Khyi stammt aus dem Jahr 2015.

Die Anerkennung der Rasse erfolgte bereits im August 1961. Im Jahr 1989 wurde der Rassebegriff „Tibet Mastiff" in der deutschsprachigen Version des Standards aufgehoben und durch „Do Khyi" ersetzt. Im englischen Standard ist noch die Rede vom „Tibetan Mastiff", in der französischen und spanischen Version ist es die Tibet Dogge.

Die letzten wesentlichen inhaltlichen Änderungen gab es 2004: Ein geschichtlicher Abriss wurde hinzu gefügt. Ein weiteres neues Kapitel „Fehler" sollte Fehlentwicklungen in der Zucht und Bewertung in Richtung schwerfälliger, phlegmatischer Hunde mit zu massivem Schädel und in ihrer Funktionalität eingeschränkter Bewegung abwehren.

Eine weitere Änderung im Jahr 2015 sorgte für Wirbel

*Zwei völlig unterschiedliche Do Khyi-Hündinnen,
die beide dem Standard entsprechen*

Der Standard des Do Khyi

FCI - Standard Nr. 230 / 24.6.2015 / D

Übersetzung: Christofer Habig, Elke Peper

Ursprung: Tibet (China)

Patronat: FCI.

Datum der Publikation des gültigen Original-Standards: 18.3.2015.

Verwendung: Begleithund, Wach- und Schutzhund.

Klassifikation FCI: Gruppe 2: Pinscher und Schnauzer – Molossoide – Schweizer Sennenhunde. Sektion 2.2 Molossoide, Berghunde. Ohne Arbeitsprüfung.

Kurzer geschichtlicher Abriss: Der Do Khyi (auch Tibet Dogge oder Tibet Mastiff genannt) ist seit alters her der Herdenschutzhund der wandernden Hirten des Himalaya und der traditionelle Wachhund der tibetischen Klöster. Seit ihrer frühesten Entdeckung im Altertum ist die Rasse von Mythen umgeben. Von ihrer ersten Erwähnung durch Aristoteles (384-322 v.Chr.) bis hin zu den berühmten Schriften Marco Polos, der 1271 nach Asien zog, rühmen alle Berichte die natürliche Stärke und die beeindruckende Erscheinung der Do Khyis – sowohl in physischer als auch in charakterlicher Hinsicht. Selbst das Bellen der Do Khyis wurde als einzigartiges, hoch geschätztes Merkmal der Rasse beschrieben.

Führende europäische Kynologen der Vergangenheit wie Martin und Youatt, Megnin, Beckmann, Siber oder Strebel und Bylandt haben ausführlich über Do Khyis geschrieben, da sie von ihrem Ursprung und ihrer Funktion in der tibetischen Kultur fasziniert waren.

Einige betrachteten diese Rasse sogar als den eigentlichen Ursprung aller großen Berghunde und doggenartigen Rassen.

Einer der ersten Do Khyis, der nachweislich in die westliche Welt gelangte, war ein Rüde, den Lord Hardinge (damaliger Vizekönig von Indien) 1847 an Queen Victoria sandte. Später, in den 80er Jahren des 19. Jahrhunderts, nahm Edward VII (zu jener Zeit Prince of Wales) zwei dieser Hunde mit zurück nach England. Frühe Aufzeichnungen berichten von einem Wurf Do Khyis, der 1898 im Berliner Zoo zur Welt kam.

Allgemeines Erscheinungsbild: Mächtig, schwer, gut gebaut, mit guter Knochenstärke. Imposant; mit würdevollem und erhabenem Auftreten. Zeigt eine Verbindung von majestätischer Stärke, Robustheit und Ausdauer; tauglich zur Arbeit unter allen klimatischen Bedingungen. Die Rasse entwickelt sich langsam, Hündinnen sind erst mit 2 – 3 Jahren, Rüden frühestens mit 4 Jahren ausgereift.

Wichtige Proportionen:

- Der vom Hinterhauptsstachel zum Stop gemessene Schädel ist von gleicher Länge wie das Vorgesicht, das aber auch etwas kürzer sein darf.
- Die Körperlänge übertrifft leicht die Widerristhöhe.

Verhalten / Charakter (Wesen): Unabhängig, mit Schutzinstinkt. Respekt einflößend. Höchst ausgeprägte Treue seiner Familie und seinem Territorium gegenüber.

Kopf: Breit, schwer und kräftig. Im Erwachsenenalter kann sich eine Falte bilden, die oberhalb der Augen beginnt und bis hinunter zu den Mundwinkeln verläuft.

Oberkopf: Schädel: Groß, sehr leicht gewölbt, mit stark ausgeprägtem Hinterhauptstachel. Stop: Gut ausgeprägt.

Gesichtsschädel: Nasenschwamm: Breit, je nach Fellfarbe so dunkel wie möglich; die Nasenlöcher sind gut geöffnet. Fang: Ziemlich breit, gut ausgefüllt und tief. Das Fangende ist viereckig. Lippen: Gut entwickelt, die Oberlefzen bedecken den Unterkiefer. Kiefer / Zähne: Kräftige Kiefer mit perfektem, regelmässigem und vollständigem Scherengebiss, wobei die obere Schneidezahnreihe ohne Zwischenraum über die untere greift und die Zähne senkrecht im Kiefer stehen. Zangengebiss erlaubt. Lückenlos schließende Zahnreihen. Augen: Von mittlerer Grösse; braun in allen möglichen Schattierungen abhängig von der Fellfarbe; je dunkler, desto besser. Weit voneinander und etwas schräg eingesetzt, oval. Die Augenlider liegen straff am Augapfel an. Würdevoller Ausdruck. Ohren: Mittelgross, dreieckig, herab hängend; zwischen der Schädeldecke und den Augen nach vorn fallend werden sie eng am Kopf anliegend getragen. Bei Aufmerksamkeit werden die Ohren nach vorn gerichtet. Die Ohrlappen sind von weichem, kurzem Haar bedeckt.

Hals: Kräftig, gut bemuskelt, gewölbt. Wamme nicht zu stark entwickelt. Von einer dicken Mähne abstehenden Haars bedeckt, die bei Hündinnen weniger ausgeprägt ist.

Körper: Kräftig. Rücken: Gerade, muskulös. Kruppe: Breit und ziemlich flach. Brust: Recht tief, mässig breit. Die Rippen sind gut gewölbt, so daß der Brustkorb herzförmig ist. Der Brustkorb reicht bis unter die Ellenbogenhöhe.

Rute: Mittellang. Auf Höhe der Rückenlinie hoch angesetzt. Bei Aufmerksamkeit und in der Bewegung hoch und lose über dem Rücken gerollt getragen; gut befedert.

Gliedmassen: Vorderhand: Gerade, gut gewinkelt, rundum gut von kräftigem Haar bedeckt. Schultern: Gut gelagert, muskulös. Ellenbogen: Weder ein- noch ausdrehend. Unterarm: Gerade, starkknochig. Vordermittelfuss: Kräftig, leicht schräg stehend.

Hinterhand: Kraftvoll, muskulös, mit guter Winkelung. Von hinten gesehen stehen die Hinterläufe parallel. Oberschenkel: Ziemlich lang; kräftig mit ausgeprägter, harter Muskulatur, die aber nicht hervortritt. Knie: gut gewinkelt. Sprunggelenke: Kräftig, niedrig stehend. Mit oder ohne Afterkrallen.

Pfoten: Ziemlich groß, kräftig, rund und kompakt. Zwischen den gut gewölbten Zehen gut mit Haar befedert.

Gangwerk / Bewegung: Kraftvoll, aber stets leichtfüßig und elastisch: mit gutem Raumgriff und Schub. Mit zunehmender Geschwindigkeit Neigung zum Schnüren. Der Schritt wirkt sehr bedächtig. Fähig, seine Funktion auf unterschiedlichstem Terrain gleichermaßen ausdauernd und geschmeidig zu erfüllen.

Haarkleid: Haar: Die Qualität des Haars ist wichtiger als die Menge. Es ist hart und dick, das Deckhaar ist nicht zu lang, das Unterhaar ist in der kalten Jahreszeit dicht und ziemlich wollig, in den wärmeren Monaten wird es eher spärlich. Bei Rüden ist das Haar deutlich üppiger als bei Hündinnen. Das Haar ist fein, aber hart, gerade und abstehend. Es ist nie seidig, gelockt oder gewellt. Die reiche Behaarung an Hals und Schultern wirkt wie eine Mähne. Die Rute ist buschig und gut befedert. Die Hinterläufe sind hinten im oberen Teil gut befedert. Farbe: Tiefschwarz, mit oder ohne lohfarbene Abzeichen; Blau, mit oder ohne lohfarbene Abzeichen; Gold in allen Schattierungen von sattem Gelbgold bis zu tiefem Rotgold, Zobelfarbe. Alle Farben so rein wie möglich. Die Lohfarbe reicht von intensiver Kastanienfarbe bis hin zu einem helleren Farbton. Ein weißer Stern auf der Brust ist zulässig. Minimale weiße Abzeichen an den Pfoten sind erlaubt. Die lohfarbenen Abzeichen befinden sich oberhalb der Augen, an den unteren Partien der Gliedmassen, an der Unterseite der Rute sowie am Fang. Eine brillenförmige Zeichnung rund um die Augen wird toleriert.

Größe: Widerristhöhe: mindestens 66 cm für Rüden, mindestens 61 cm für Hündinnen.

Fehler: Jede Abweichung von den vorgenannten Punkten muss als Fehler angesehen werden, dessen Bewertung in genauem Verhältnis zum Grad der Abweichung stehen sollte und dessen Einfluss auf die Gesundheit und das Wohlbefinden des Hundes zu beachten ist.

Schwere Fehler:

- Mangelhafte körperliche Kondition und Fitness.
- Kopf leicht oder mit starker Faltenbildung.
- Hängelefzen.
- Stark ausgeprägte Wamme.
- Große und/oder tief angesetzte Ohren.
- Helle Augen, starrender Ausdruck.
- Schwache Pigmentierung, vor allem der Nase.
- Fassförmiger Rippenkorb.
- Fest über der Hüfte eingerollte Rute.
- Überwinkelte oder steile Hinterhand.
- Schwerfällige, unfreie Bewegung.
- Untergröße bei einer Toleranz von 2 cm.

Ausschließende Fehler:

- Aggressivität oder übermäßige Scheuheit.
- Vorbiss, Rückbiss.
- Jede im Standard nicht genannte Farbe, z.B. Weiß, Crème, Grau, Braun (Leberfarben), Fliederfarben, Gestromt und Mehrfarbigkeit.

Hunde, die deutlich physische Abnormalitäten oder Verhaltensstörungen aufweisen, müssen disqualifiziert werden.

N.B.: Rüden müssen zwei offensichtlich normal entwickelte Hoden aufweisen, die sich vollständig im Hodensack befinden.

unter den Liebhaber_innen tibetischer Rassen. Nach der Aufnahme Chinas als Mitglied der FCI im Jahr 2006 und der Vergabe der Welthunde-Ausstellung an Shanghai für das Jahr 2019 wurde bei allen vier Rassen als Ursprungsland „China" angeführt. Der Protest war international lautstark und erfolgreich. Eine eigene Gruppe auf facebook hatte binnen Tagen mehr als 4000 Mitglieder aus aller Welt. Die FCI hat sich dazu durchgerungen, Tibet in Klammer zusätzlich anzuführen.

Alle anerkannten Rassen sind in zehn Gruppen und darin wieder in Untergruppen gegliedert. Sie reichen von den Hüte– und Treibhunden bis zu den Windhunden.

Die drei kleineren tibetischen Hunderassen gehören zur FCI-Gruppe 9, den „Gesellschafts– und Begleithunden".

Der Do Khyi ist der Gruppe 2 zugeordnet und fällt damit in die Gruppe der Berghunde. Diese Trennung der Rassen in unterschiedliche Gruppen wirkt sich aber lediglich im Ausstellungswesen aus.

Die Ausstellung von Ahnentafeln liegt bei den jeweiligen Landesorganisationen. Jeder Welpe wird in das nationale

Do Khyi und Tibet Spaniel

Zuchtbuch eingetragen und erhält eine Zuchtbuch-Nummer. Auch bei Importen aus anderen Staaten wird eine Nummer vergeben. Die FCI garantiert die gegenseitige Anerkennung der Ahnentafeln.

Ein Rassestandard beschreibt einen Hund relativ knapp und bietet Platz für Interpretation und damit Missverständnisse. Die Folgen sind auf Ausstellungen zu sehen: Viel zu große, mächtige Hunde werden platziert, weil sie „showy" sind. Dem Standard entsprechen sie: Die Mindestgröße wird nicht unterschritten und sie wirken mächtig, schwer und imposant, wie es das allgemeine Erscheinungsbild des Standards verlangt. Sie haben aber mit dem Do Khyi, der in Tibet überleben könnte, kaum mehr etwas gemein.

Alles im Blick ...

Der Körper: imposant

Der Do Khyi ist ein großer, gut gebauter Hund. Er darf weder zu feingliedrig noch zu grobknochig sein.

Sein Rücken ist gerade und fest. Der Körper ist eine Spur länger als hoch, niemals hochbeinig, aber auch nicht zu tief gestellt.

Blaue Do Khyi sind tendenziell etwas schmaler gebaut als alle anders gefärbten. Goldfarbene Do Khyi haben häufig einen etwas längeren Rücken.

Die Rute wird beim aufmerksamen Hund locker über den Rücken gerollt, liegt aber nicht auf. Ist der Hund entspannt, kann die Rute auch hängen.

Der Kopf: würdevoll und kräftig

Die Länge von Fang und Oberkopf sind etwa gleich. Der Fang kann etwas kürzer, darf aber nicht länger sein. Er sollte von vorne viereckig wirken und darf nicht spitz zusammen laufen.

Die Farbe beeinflusst den Körperbau.

Die Lefzen müssen gut geschlossen sein. Die Oberlippen bedecken das Unterkiefer. „Offene Lefzen" bedeuten, dass das Zahnfleisch sichtbar ist. Das gilt als schwerer Fehler.

Der Do Khyi hat ein kräftiges Kiefer mit einem vollständigen Scherengebiss. Das bedeutet, dass die Schneidezähne des Oberkiefers ganz knapp vor den Zähnen des Unterkiefers stehen. Ein Zangengebiss - die Zähne stehen beim geschlossenen Kiefer aufeinander - wird toleriert.

Die Breite des Schädels soll harmonisch zum Gesamtbild passen. Der Stopp ist ausgeprägt, aber nicht zu steil. Das ist die Stufe zwischen Nasenrücken und Oberkopf zwischen den Augen.

Der Do Khyi darf eine Kopffalte haben, die von oberhalb der Augen bis zum Mundwinkel reicht. Er darf

Eine Hündin bewacht ihren Garten.

aber keine „lose Haut" haben, als wäre ihm die Haut zu groß.

Die Augen sind relativ klein und leicht oval. Je nach Fellfarbe haben sie einen helleren oder dunkleren Braunton. Als schwerer Fehler gilt, wenn die Augen für die Fellfarbe deutlich zu hell sind. Wichtig ist, dass die Lider gut geschlossen sind und vom Weiß des Augapfels nichts zu sehen ist.

Die Lefzen, der Nasenschwamm und die Augenlider sind tiefschwarz. Die Nase kann jahreszeitlich bedingt ein wenig aufhellen.

Wichtig für den „würdevollen Ausdruck" sind auch die Ohren. Sie sind dreieckig und „eng anliegend". Das bedeutet, dass sie zwar hängen, aber nicht flattern.

Beine und Pfoten: kräftig

Der Do Khyi ist ein Ausdauerläufer auf schwierigem Untergrund. Entsprechend braucht er gerade Beinknochen auf kräftigen Pfoten. Er darf weder kuhhässig (X–Beine) noch fassbeinig (O-Beine) sein. Die Ellbogen liegen gut am Körper an.

Vier Monate alter, sehr kräftiger Rüde bei Lhasa.

Die so genannten Winkelungen beeinflussen maßgeblich das Gangwerk eines Hundes. Für einen leichtfüßigen Trab benötigt der Do Khyi gut gelagerte Schultern und einen deutlichen Kniewinkel. Etwas tiefer liegende kräftige Sprunggelenke helfen ihm bestens, Stufen im Gelände zu überspringen.

Der Do Khyi hat kräftige Muskeln an den Beinen. Sie sollten aber nicht hervortreten, als würde er bei einem Bodybuilder-Contest antreten wollen.

Er kann auch im Trab sehr schnell werden. Dabei neigt er zum „Schnüren". Das bedeutet, dass die Pfoten nicht mehr in zwei parallelen Linien aufgesetzt werden, sondern die Pfoten enger geführt werden.

Das Haarkleid: nützlich

Der ursprüngliche Do Khyi kennt keine Hundehütte. Sein Haarkleid ist kräftig und fest. Wer jemals die Möglichkeit hat ein Yak anzufassen: Die Haare fühlen sich genauso an wie bei einem Do Khyi.

Deutlich schon beim Junghund zu sehen: die buschige Rute und die „Hose".

Die dichte Unterwolle schützt vor Kälte. Gemeinsam mit dem Deckhaar bildet es eine wasserabweisende Hülle.

Der Do Khyi verliert seine Unterwolle im Frühjahr, sodass er im Sommer vergleichsweise „nackt" aussieht.

Typisch und bei Rüden noch stärker ausgeprägt als bei Hündinnen: die üppige Mähne, die buschige Rute und die „Hose" an den Hinterbeinen. Die Haare sind dabei aber nicht allzu lang, sondern stehen vom Körper ab.

Am bekanntesten sind schwarze Do Khyi mit lohfarbenen Abzeichen über den Augen, an den Pfoten und unter der Rute. Immer öfter zu sehen sind gold- und lohfarbene Hunde in allen Schattierungen. Auch rein schwarze und blaue Do Khyi mit und ohne Abzeichen gibt es.

Sein Wesen: selbstbestimmt

Allein und unabhängig bewacht der Do Khyi die Zelte, die Herden. Wer sich nähert, ist eine potentielle Gefahr.

Den Do Khyi zeichnet demnach ein sehr ausgeprägter Schutzinstinkt aus. Sein Revier und sein Rudel werden unter Einsatz des eigenen Lebens verteidigt. Er ist aber kein aggressiver Hund, der blindlings losstürmt. Dennoch ist es vernünftig, den Wohnsitz eines Do Khyi nur in Begleitung seiner Menschen zu betreten.

Innerhalb seines Rudels ist er zu allen Lebewesen nett und freundlich, sogar verschmust.

Außerhalb des eigenen Reviers ist der Do Khyi fremden Menschen wie Hunden gegenüber eher distanziert. Sein würdevolles Auftreten kann durchaus auch einen Hauch von Arroganz bekommen. Seine Menschen wird er aber genauso beschützen wie zuhause.

Do Khyi haben eine enorme Beobachtungsgabe. Sie mögen noch so scheinbar gelangweilt herumliegen: Wenn ihnen etwas unangenehm auffällt, werden sie enorm schnell.

Do Khyi sind sehr unabhängige, aber sehr intelligente Hunde. Sie sind mitunter schwer zu motivieren, was die Arbeit zum Beispiel in der Hundeschule problematisch macht. Einen sinnbefreiten Befehl ausführen, dessen Bedeutung er längst kennt: Wozu?

Hunde sind grundsätzlich Rudeltiere. Das Rudel des Do Khyi besteht aus allen Lebewesen, die sich berechtigt in seinem Revier aufhalten. Auch eine Gruppe von Do Khyi zu halten oder andere Hunde dazu zu

Ein Do Khyi Rudel außerhalb des Reviers am Rande einer Ausstellung: völlig gelassen und entspannt.

nehmen, ist nur selten ein Problem.

Das in so vielen Medien verbreitete Bild des hochaggressiven Hundes stimmt nur unter zwei ganz bestimmten Voraussetzungen: Wenn ein Do Khyi einsam an einer Kette gehalten wird oder ein Eindringling alle seine Warnungen ignoriert.

Der Do Khyi ist grundsätzlich kein Jagdhund. Aber selbstverständlich besitzt auch er einen Jagdinstinkt wie jeder Hund.

Dieser Rüde in Nord-Tibet zeigt deutlich: Keinen Schritt weiter, hier ist mein Revier!

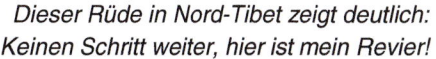

"Do Khyi" oder "Show Khyi"?

Die Zukunft der Rasse: eine kritische Anmerkung

Christofer Habig

Die Hoffnung stirbt zuletzt – das gilt in den letzten Jahren wohl für keine Hunderasse mehr als für den Do Khyi.

Dabei geht die Gefahr für den Do Khyi heute nicht von dem Un- und (Show-)Wesen der Extreme und Übertreibungen aus, das wir bei einer ganzen Reihe anderer Hunderassen bekämpfen. Die Gefahr liegt auch nicht darin, dass der moderne Rassestandard des Do Khyi etwas fordern oder begünstigen würde, was die Rasse immer mehr von ihrer Tradition, Funktionalität und eigentlichen Bestimmung wegführt.

Im Gegenteil: Der gültige FCI-Rassestandard hat „Machart" und Fitness, Erbe und Mythos des autochthonen Berghundes Tibets allein auf Grundlage seiner ursprünglichen, von Lebensraum und Klima bestimmten Robustheit in Gebäude, Bewegung, Haarqualität und Wesen erstmals umfassend festgeschrieben – gegen seine Bastardisierung.

Die Gefahr für den Do Khyi Tibets liegt schlichtweg darin, dass nur mehr wenige Leute ihn noch so wollen wie er im-

Christofer Habig spielte in der Welt der Do Khyi immer wieder eine entcohoidondo Rollo. Soino Funktio nen: VDH/FCI-Zuchtrichter für Do Khyis seit 1979, Autor des FCI-Rassestandards 230, Initiator des 2011 Do Khyi/Zang Ao - Memorandums, VDH-Präsident 2006-2009, FCI-Vize-Präsident 2009-2011. Er hat selbst Do Khyi gehalten.

mer war. Für viele Züchter und Richter ist das Merkmal ‚Berg- und Herdenschutzhund' keine Orientierungsgröße mehr – oft nie gewesen. Und Tibet ist kein Kulturraum mehr, der zählt. Man will den Do Khyi in Richtung ‚Chinesischer Langhaar-Molosser' verschieben – zu Gunsten seiner Kommerzialisierung und Massenzucht (incl. Export) und zu Lasten des (noch) gültigen FCI-Rassestandards.

Aber die Hoffnung stirbt zuletzt - nicht zuletzt Dank eines solchen Buches wie das von Birgit Primig. Und nicht zuletzt Dank der guten Entwicklung, die wir in vielen Ländern beobachten: „Hundeleute" wollen wieder gesunde, ursprüngliche Hunde, die für die Herkunft stehen, die sie geprägt hat.

Do Khyi auf Ausstellungen: eine Spezialrichterin gibt Auskunft

Uschi Eisner

Man möchte meinen, es ist einfach einen Do Khyi zu richten: Standard lesen und Hund anschauen. Was soll da so schwierig sein?

Und dann bemerkt man, wie verschieden die Hunde sind, die bei Ausstellungen gezeigt werden: vom Typ, der Knochenstärke und dem Haarkleid.

Die Erklärung dafür ist, dass Tibet sich über ein Gebiet erstreckt, das sieben Mal so groß ist wie Deutschland. Im Süden stehen Berge in der Höhe von 6.000 bis

Uschi Eisner gilt international als Expertin für tibetische Hunde, die sie seit mehr als 25 Jahren richtet. Sie züchtet Lhasa Apso.

Sie hat Tibet selbst mehrfach bereist, am liebsten abseits der üblichen Tourismus-Hotspots.

8.000 Metern. Das Hochplateau liegt auf 3.600 Meter Höhe und in den angrenzenden Ländern Nordindien im Süden bis zur Mongolei im Norden leben ebenfalls Do Khyi. Dass es in einem so großen Gebiet mit Landstrichen, die nicht so einfach erreichbar sind, verschiedene Typen einer Hunderasse gibt, ist nachvollziehbar.

Im Standard steht, der Do Khyi soll mächtig ausschauen. Die Menschen in Tibet sind eher klein gewachsen und ein großer Hund schaut daneben schnell „mächtig" aus. Marco Polo beschreibt die Do Khyi „so groß wie Esel". Das mag schon richtig gewesen sein. Aber auch heute noch sind Esel und Pferde in Tibet sehr klein. Wer Ritterrüstungen aus der Zeit Marco Polos anschaut, weiß, wie klein und zierlich auch Menschen damals waren.

Mit dem Begriff „mächtig" muss man vorsichtig sein, zumal ein Teil dieses Erscheinungsbildes von der üppigen Mähne unterstützt wird. Gut gebaut mit kräftigen Knochen heißt auch nicht zu schwerer Knochenbau.

Der gesamte Körperbau soll die kraftvolle, aber leichtfüßige Bewegung ermöglichen, mit gutem Schub, im Schritt bedächtig und fähig auf unterschiedlichem Untergrund ausdauernd zu gehen. In der schnellen Bewegung tendiert der Do Khyi zum Schnüren.

Wieder sollte man einen Hund vor Augen haben, der in der Lage ist, eine Yak-Herde zu begleiten, nicht in hohem Tempo, aber mit Ausdauer über sehr weite Strecken.

Das Haarkleid soll geeignet sein zur Arbeit sowohl bei Kälte als auch bei sommerlichen Temperaturen – in Tibet sind das bis zu 25 Grad. Wasserabweisend, mit dicker Unterwolle im Winter, hart und dicht, niemals seidig oder lockig, sondern gerade und abstehend und nie zu lange. So ist das Haar ideal für ein Leben im tibetischen Hochland.

Jegliche Übertreibung in welche Richtung auch immer ist zu unterbinden. Ziel ist es, einen Hund zu finden, dem man seine ursprüngliche Funktion ansieht, verbunden mit Gesundheit und Fitness.

Die Übertreibungen, die im Ring zu sehen sind, führen oft genug auch zu offenen Lefzen, offenen Augenlidern. Für einen Hund in Tibet ist das eine Katastrophe. Permanenter Wind und Staub würden die Hunde sehr schnell erblinden lassen und ihr Zahnfleisch entzünden.

Mit dem Wissen über die Herkunft und den Gebrauch dieser Hunde wird es einfacher, trotz der Unterschiede in Farbe, Größe und Substanz den richtigen Hund zu finden.

Uschi Eisner mit einem Do Khyi Welpen in der Umgebung von Lhasa, 2006.

Die Zucht: streng kontrolliert

Hundezucht ist ein verantwortungsvolles, zeitintensives und teures Vergnügen. Wer unter dem Dach der FCI züchten will, unterliegt strengen Regeln. Sie sollen die „Qualität" der Hunde gewährleisten: möglichst gesund und charakterlich einwandfrei. Die konkreten Bestimmungen liegen bei den Landesorganisationen und den dort verankerten Spezialzuchtvereinen.

Diese hohe Verantwortung zeigt die Tatsache, dass immer mehr Zuchtverbände von angehenden Züchter_innen den Besuch von Schulungen verlangen. Dabei werden sie über Genetik, über mögliche Probleme beim Deckakt und über gesundheitliche Aspekte der Trächtigkeit informiert. Sie lernen die Grundlagen der Aufzucht von Welpen kennen, um diesen einen bestmöglichen Start ins Leben zu ermöglichen.

Auch rechtliche Informationen sind Teil der Schulungen. Das beinhaltet Tierschutzgesetzgebung ebenso wie Vertragsrecht.

Jeder Welpe soll der beste Welpe werden.

Jeder Hund muss bei einer Mindestanzahl an Ausstellungen von internationalen Richter_innen beurteilt werden. Dabei wird geprüft, wie nahe der Hund dem Idealbild des Standards kommt.

Manche Zuchtvereine verlangen zusätzlich eine „Körung".

Das ist eine sehr detaillierte Zuchttauglichkeitsprüfung. Sie ist wesentlich genauer als die Beurteilung bei einer Ausstellung. Davon abgeleitet können Kriterien für die Auswahl der Paarungen vorgegeben werden.

Auch die Überprüfung des Wesens ist klar definiert. Wesens– und Verhaltenstests sind entweder Teil der Körung oder müssen gesondert abgelegt werden.

Gesundheit wird genau überprüft

Im nächsten Schritt müssen einige tierärztliche Atteste vorgelegt werden. Das wohl bekannteste Kriterium ist die „HD", die Hüftdysplasie. Das bedeutet, dass Hüftpfanne und Hüftkugel nicht optimal zusammen passen. Im schlimmsten Fall ist die Pfanne nur eine flache Scheibe, die Kugel hat keinen Halt. Die Ursache für HD ist nach wie vor nicht vollständig geklärt. Es könnte sich um eine Erkrankung handeln, die durch das Zusammenspiel mehrerer Gene ausgelöst wird. Auch Fütterung und Haltung im Welpen– und Junghunde-Alter könnten Einfluss darauf haben.

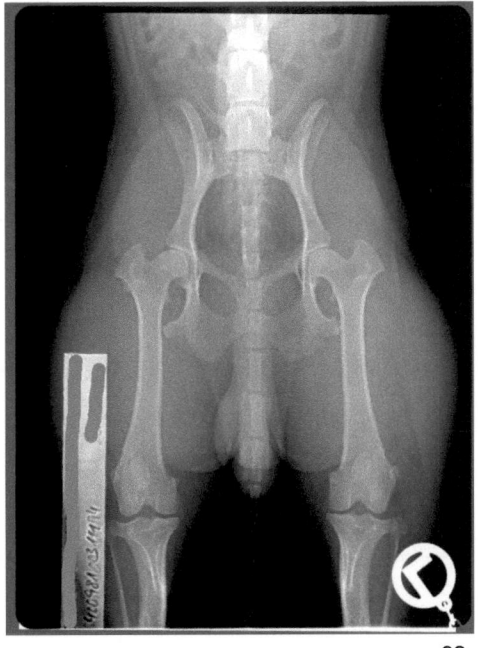

Das Röntgen-Bild einer gesunden Hüfte.

Quer durch alle Rassen und Mischungen werden Hunde auf HD untersucht, wenn sie zur Zucht oder für Hundesportarten eingesetzt werden sollen. Von der Zucht werden schwer betroffene

Tiere ausgeschlossen. Bei einer Rasse mit einem so geringen Genpool wie dem Do Khyi bleiben aber Hunde mit leichter oder geringer HD in der Zucht, um nicht andere Probleme durch zu enge Verpaarungen zu verursachen.

Bei einem Röntgen in Vollnarkose wird das Hüftgelenk kontrolliert. Ziel der Zucht ist es, möglichst nur Hunde mit perfekten Hüftgelenken zu züchten. Problematisch ist eine HD vor allem für große Hunde.

In einigen Staaten werden auch die Kniegelenke geprüft. Bei einer so genannten Patella-Luxation sitzt die Kniescheibe zu weit außen und kann aus der Führung springen. Diese Fehlstellung kann operiert werden, ist aber dennoch ein vererbliches Phänomen.

Bei allen tibetischen Rassen werden auch die Augen untersucht. Es gibt vererbliche Augenerkrankungen, die zu Erblindungen führen. Die zur Zucht verwendeten Hunde müssen „PRA-frei" sein. Das ist eine „progressive Retina Atrophie", die Netzhaut stirbt langsam ab. PRA kann erst diagnostiziert werden, wenn sie bereits ausgebrochen ist. Dabei kann der Hund allerdings schon einige Jahre alt sein und bereits mehrere Würfe gebracht haben. Ein Ausbruch der Krankheit ist aber nur dann möglich, wenn zwei Erbträger miteinander verpaart werden.

Eine zweite Augenerkrankung bei Hunden ist die Linsenluxation (LL). Dabei verlagert sich die Au-

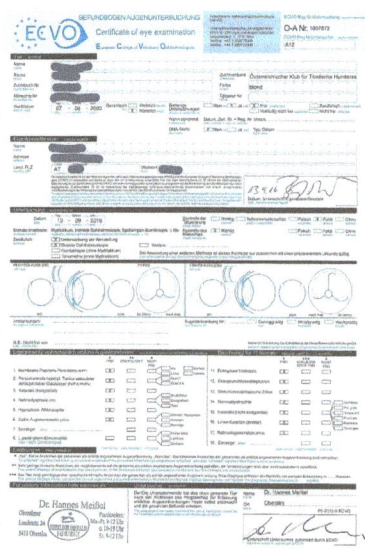

So sieht ein Augenbefund aus.

genlinse. Mit einer Operation kann sie in ihre Position zurück versetzt werden. Sie kann, muss aber nicht erblich bedingt sein.

In Deutschland muss zur Zuchtzulassung von jedem Do Khyi eine DNA-Probe abgegeben werden, sofern unter dem Dach des KTR gezüchtet wird.

Wie streng die Richtlinien sind, zeigt beispielsweise die Zuchtordnung des KTR. Er definiert in Paragraph *3.3* *"Zur Zucht nicht zugelassen*

3.3.1 sind Hunde, die zuchtausschließende Fehler haben, z.B. Wesensschwäche, angeborene Taubheit oder Blindheit, Hasenscharte, Spaltrachen, erhebliche Zahnfehler und Kieferanomalien, Progressive Retina-Atrophie (PRA), festgestellte Primäre Linsenluxation (PLL), Katarakt, Epilepsie, Kryptorchismus, Monorchismus, Albinismus, Fehlfarben, festgestellte mittlere und

Nur mit gesunden Gelenken können große Hunde herumtoben.

schwere Hüftgelenksdysplasie, festgestellte Patella-Luxation Grad 2 - 4, ererbte Caniden Neuropathie (CIN, Canine Inherited Neuropathy), festgestellte Canine Ceroid Lipofuszinose (CCL)."

Spezifische Probleme des Do Khyi

Durch die geringe Population und den damit engen Genpool kam es in den ersten Jahren der Do Khyi-Zucht zu sehr viel Inzucht. Die Folgen waren dramatisch.

Der erste große Schock war CIDN in den 1970er Jahren. Das ist eine rezessiv vererbte Neuropathie, von dem das zentrale Nervensystem betroffen ist. Die ersten Krankheitsanzeichen sind schon bei Welpen in Alter von sieben bis neun Wochen zu sehen. Sie sind schwach, vor allem die Hinterläufe haben keine Kraft.

Es wird vermutet, dass der Import-Rüde „I Ching" im amerikanischen Zwinger „Ausables" der ursprüngliche Träger dieses Gendefektes war.

Durch strenge Auslese der betroffenen Linien in der Zucht ist CIDN heute kein Thema mehr.

Die nächste Katastrophe kam um die Jahrtausendwende. Über einzelne Fälle von Epilepsie wurde bereits gemunkelt, aber sie wurden zunächst als Einzelfälle betrachtet. Als dann allerdings bei einer Klubschau in Holland ein Hund im Vorführring mit einem Anfall zusammenbrach, konnte die internationale Zucht-Gemeinschaft nicht mehr wegsehen.

Die betroffenen Hunde, ihre Geschwister und Nachkommen wurden aus der Zucht genommen. Inzwischen hat sich Epilepsie auf ein Maß eingependelt, das dem allgemeinen Hunde-Durchschnitt entspricht.

Ganz anders die Schilddrüsen-Unterfunktion: Sie ist tatsächlich ein Problem und in der gesamten Hundepopulation relativ weit verbreitet. Sie macht sich häufig durch Antriebslosigkeit und andere psychische Störungen bemerkbar, auch durch übermäßigen Appetit und Gewichtszunahme. Allerdings ist sie sehr einfach diagnostiziert– und behandelbar. Die zu wenig produzierten Hormone werden in Tablettenform zugeführt.

Auch die Gesundheit der Augen sind immer Thema, jeder Zuchthund muss regelmäßige Atteste vorlegen. Neben diesen Erbkrankheiten gibt auch noch Entropium und Ektropium. Dabei werden die Augenlider ein– oder ausgerollt, was immer wieder zu Entzündungen führt. Beides kann aber relativ gut operiert werden.

Die Zucht mit „Direkt-Importen "

Einige Züchter_innen versuchen, die Rasse mit Importhunden aus den Ursprungsländern zu bereichern. Diese Hunde haben häufig keinen von der FCI anerkannten Stammbaum. Sie müssen von einer Richterin oder einem Richter begutachtet und beschrieben werden.

Nicht gesund: Die Augenlider liegen nicht fest am Augapfel an.

Wird bestätigt, dass der Hund dem Rassestandard der FCI entspricht, bekommt er so genannte Registerpapiere.

Diese sind in der Zucht allen anderen Stammbäumen gleichgestellt. Die einzige Auswirkung: Hunde mit Registerpapieren bis zur dritten Generation können zwar auf Ausstellungen präsentiert werden, bekommen aber keine Champion-Titel.

Dennoch dürfen sie zur Zucht eingesetzt werden. Die Zuchtverbände wollen damit gewährleisten, dass die Rassen ihre Ursprünglichkeit behalten. Gleichzeitig soll der Genpool erweitert werden.

Dieser Import ist relativ aufwändig und schwierig. Die Verordnung der Europäischen Union 998/2003 sorgte für eine Harmonisierung der Reisebestimmungen mit Haustieren innerhalb der EU. Geregelt ist auch die Einfuhr aus anderen Staaten.

Demnach muss ein Hund zunächst gegen Tollwut geimpft und mit einer Tätowierung oder einem Chip eindeutig gekennzeichnet werden. 30 Tage später ist

Ein Do Khyi-Rudel in Tibet: Inzucht?

eine Blutabnahme fällig, um die Wirkung der Tollwut-Impfung bestätigen zu können. Eine weitere Frist von drei Monaten ist abzuwarten. Zwei Tage vor der Abreise muss ein amtlicher Tierarzt ein EU-Formular ausfüllen, in dem er unter anderem die Transportfähigkeit des Hundes bestätigt.

Das alles ist in Ländern wie China, Indien oder Nepal relativ kompliziert. Schon allein an der Suche nach einem Amtstierarzt, der ein englisch– oder deutschsprachiges Formular ausfüllen kann, kann der Import scheitern. Ohne hervorragende Kontakte vor Ort ist so ein Direkt-Import daher kaum zu schaffen.

Die Problematik: Auch die importierten Hunde sind natürlich nicht zwangsläufig frei von Erkrankungen. Es gibt zwar anerkannte Züchter_innen, aber die Zucht in

Do Khyi-Welpe in Tibet: Der Besitzer weiß nicht, welcher Rüde der Vater ist.

China, Nepal und Indien ist bei weitem nicht so streng reglementiert wie in Europa oder den USA.

Wer abseits von Zuchtstätten - etwa direkt bei Nomaden - einen Hund kauft, kennt womöglich nicht einmal die Elterntiere und damit schon gar nicht deren Gesundheit oder mögliche Erbkrankheiten.

Es gibt bereits vereinzelt Zuchtstätten, in denen nur noch „Direkt-Importe" verwendet werden, die nicht mehr mit europäischen und amerikanischen Linien gekreuzt werden. Zu behaupten, sie wären deshalb wesentlich gesünder, ist zumindest mutig, wenn nicht fahrlässig.

Ein kleiner Rüde in Osttibet: Ob er noch reinrassig ist?

Regeln gegen Massenproduktion

Zum Schutz der Gesundheit dürfen Hunde nicht zu früh zur Zucht eingesetzt werden. Bei Hündinnen liegt das Mindestalter in Österreich bei 18, in Deutschland bei 20 Monaten.

Rüden dürfen uneingeschränkt auch im hohen Alter noch zur Zucht verwendet werden. Für Hündinnen ist mit Vollendung des 8. Lebensjahres Schluss. Sie dürfen höchstens einen Wurf pro Jahr bekommen, sofern nicht ein besonders kleiner Wurf fällt.

Wenn ein Hund die Zuchtzulassung bekommt, beginnt für die Besitzer_innen von Hündinnen die Suche nach dem geeigneten Deckrüden. Sein Körper und sein Charakter sollten optimal zur Hündin passen. In den Ahnenreihen der beiden Hunde sollten möglichst unterschiedliche Hunde stehen. Inzucht ist möglichst zu vermeiden, enge Inzucht ohnehin verboten.

Mehrere hundert Kilometer Anreise zu einem Deckrüden sind völlig normal. Es gibt allerdings keine Garantie, dass die Hündin den Rüden akzeptiert und der Rüde tut, was er tun soll.

Dann beginnt das lange Warten, ob die Hündin tatsächlich trächtig ist. Nach neun Wochen kommen – hoffentlich – einige gesunde Welpen zur Welt. Do Khyi können durchaus Wurfgrößen von acht Welpen oder mehr erreichen. Ihr Geburtsgewicht liegt bei etwa 500 Gramm. Komplikationen bei der Geburt sind selten.

Do Khyi-Hündinnen werden im Gegensatz zu dem meisten anderen meist nur einmal im Jahr läufig. Bleibt die Hündin leer, beginnt das lange Warten auf die nächste Läufigkeit.

Welpen in jeder Hinsicht unterstützen

Die Entwicklung der Welpen wird ständig kontrolliert. Sie werden täglich gewogen. Nach zehn bis 14 Tagen öffnen sie ihre Augen. Schon jetzt sollten sie so viel Körperkontakt wie möglich mit Menschen haben.

In den folgenden Wochen haben Züchter_innen enorm viel zu tun. Sie müssen den richtigen Zeitpunkt abschätzen, ab dem die Muttermilch durch Welpenfutter ergänzt wird. Das deutlichste Signal dafür: Die Mutterhündin würgt ihre eigene Mahlzeit wieder aus und stellt sie den Welpen zur Verfügung.

Die Welpen sollten so viel von ihrer Umwelt kennen lernen wie möglich. Die Geräusche von Haushaltsgeräten, von Fahrzeugen aller Art, von anderen Tieren: Die Welpen lernen von ihrer Mutter und anderen erwachsenen Hunden, dass ihnen von diesen Dingen und Lebewesen keine Gefahr droht.

Mit 8 Tagen sind die Augen noch geschlossen.

Besucher_innen werden eingeladen: Welpen sollten möglichst früh alle Menschen, vom Kleinkind bis zum Erwachsenen mit Gehhilfe, als normal und ungefährlich einstufen lernen. Asphalt, Schotter, Wiese, Kanalgitter, glatte Fliesen: eine abwechslungsreiche Umgebung prägt. Der erste Kontakt mit Halsband und Leine wird notwendig.

Viele Züchter_innen bieten den Welpen eine eigene „Kindergarten-Ausstattung". Vom Wackelbrett über Schepperdosen bis hin zum Ballbad und den Schnüffelspielen reichen die Beschäftigungsmöglichkeiten.

Mutterhündin und Welpen werden entwurmt. Die Welpen werden geimpft und ein Mikrochip wird an der linken Halsseite implantiert.

Wenn die Welpen zehn Wochen alt sind, können sie durchaus ein Gewicht von 12 bis 15 Kilo haben. Ihre

Das Gewicht wird regelmäßig kontrolliert.

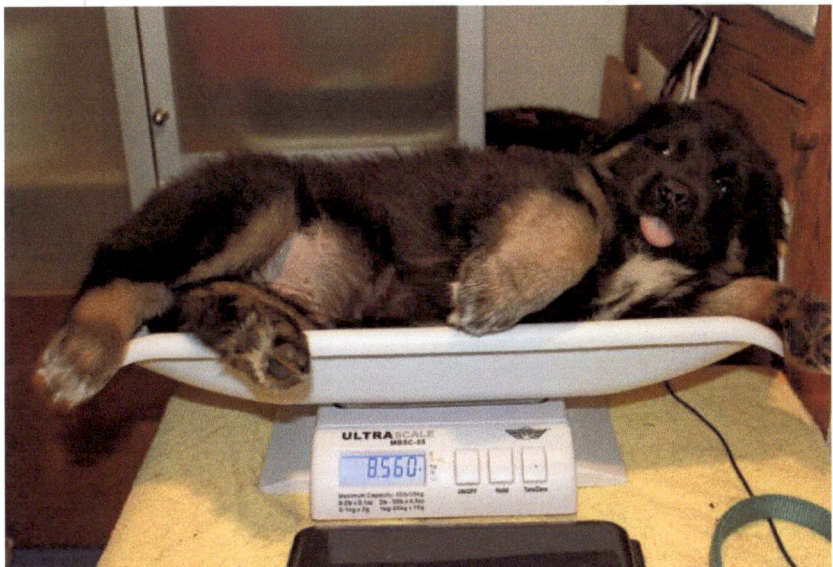

Grundcharaktere sind deutlich ausgeprägt.

Ihre Neugier kennt keine Grenzen, alles muss beschnuppert, betappst und gekostet werden. Sie brauchen enorm viel Platz, möglichst auch einen Garten.

Die letzte Kontrolle durch den Zuchtverband erfolgt. Erst danach dürfen sie an die neuen Besitzer_innen abgegeben werden und bekommen ihre Ahnentafeln. Es liegt an den Züchter_innen, den Hunden eine gute Grundlage für ihre körperliche und geistige Entwicklung zu bieten. Welche Charakteranteile später mehr oder weniger in den Vordergrund treten, liegt an der Erziehung durch die neuen Besitzer_innen.

Seriöse Hundezucht ist ein Defizit-Geschäft

Das alles rechtfertigt die Preise für Welpen. Verantwortungsbewusste Züchter_innen verdienen nichts an einem Wurf, selbst wenn sie für Welpen 1000 Euro und mehr verlangen. Im Gegenteil: Bei einem oder

Welpen verdoppeln ihr Geburtsgewicht innerhalb von einer Woche.

zwei Würfen pro Jahr decken die Einnahmen bei weitem nicht alle Kosten ab.

Eine Zuchthündin hat pro Jahr nur einen Wurf, in ihrem gesamten Leben vier, selten fünf Würfe. Sie lebt allerdings 14, 15 oder 16 Jahre. Sie hat selbst Geld gekostet. Sie braucht Ausstattung, sie braucht die Tierklinik. Möglicherweise gibt es weitere Hündinnen, die zur Zucht eingesetzt werden sollten, aber nie einen Wurf gebracht haben.

Hundezucht kostet noch mehr Geld: Die Reisen zu den Ausstellungen für die Zuchtzulassung; die Reise zum Deckrüden, die Deck-Gebühr; die Grundausstattung für den Welpenraum von der Wurfkiste bis zum Spielzeug; Waschpulver, Wasser und Strom; Welpenmilch und –futter. Nicht zuletzt: Werbung für den Wurf und die Zuchtstätte. Und so weiter.

Früher Kontakt mit erwachsenen Hunden ist wichtig.

Jener Bereich, der den Züchter_innen am wenigsten Spaß macht: putzen. Es ist keine übertriebene Hygiene notwendig, aber allein die unzähligen Häufchen Welpenkot zu entfernen, ist viel Arbeit. In vielen Haushalten mit regelmäßigen Würfen gibt es eine zweite Waschmaschine - zumal auch an der eigenen Kleidung permanent Welpenbrei klebt.

Gesunde Welpen sind ein teures Vergnügen: für die Züchter_innen!

Je älter die Welpen werden, desto häufiger kommt Besuch. Es mag nach Kleinigkeit klingen, aber es summiert sich: Kaffee, Mineralwasser, Kuchen …

Die Welpen werden ab einem Alter von acht Wochen an die neuen Besitzer_innen übergeben. Diese werden sehr genau auf ihre Do Khyi-Tauglichkeit überprüft, die Welpen werden nicht an „irgendwen" verkauft. Oft bleiben ein, zwei oder mehr Welpen noch etliche Wochen länger im Haus - und kosten Geld.

Der enorme Zeitaufwand bei einer vernünftigen Welpenaufzucht darf gar nicht mitgerechnet werden. So schön es ist, Welpen aufwachsen zu sehen: Es ist mit sehr viel Arbeit verbunden.

Eine Garantie auf einen gesunden Welpen können Züchter_innen dennoch nie abgeben. Hunde sind Lebewesen, die Umwelteinflüssen ausgesetzt sind. Hunde

sind Lebewesen, deren Vererbung noch längst nicht völlig erforscht ist.

Neben Züchter_innen unter dem Dach der FCI gibt es weitere. Manche von ihnen sind durchaus seriös und bemühen sich um gesunde und gut sozialisierte Welpen. Andere fallen unter „Vermehrung": Ihnen liegt nichts an den Hunden, im Vordergrund steht der Profit. Sie vermeiden tunlichst alles, was Hundezucht teuer machen könnte. Sie gründen mitunter Vereine, in denen sie sich als Zuchtwart dann selbst kontrollieren.

Zur Namensgebung

Die Welpen eines Wurfes bekommen immer Namen mit demselben Anfangsbuchstaben. Die Reihenfolge bestimmt das Alphabet. Ein „A-Wurf" ist der erste Wurf einer Zuchtstätte, ein „B-Wurf" der zweite und so weiter.

Viele Züchterinnen und Züchter wählen für ihre Welpen sehr bewusst tibetische Namen. Ihre Aussprache und Schreibweise ist allerdings immer nur eine Annäherung an das Original. Die tibetische Sprache kennt ganz andere Laute als europäische Sprachen. Ein Beispiel: Das *k* kommt im tibetischen Alphabet gleich dreifach vor. Zunächst als eine Art Zwischenlaut von *g* und *k*, eine Art „hartes G". Dann ein *kha*, bei dem die Stimme nach oben geführt wird. Zuletzt eine Form, die tief ausgesprochen wird. Manche Laute

Er wird einfach „Blacky" genannt.

oder Lautkombinationen unserer Sprache existieren gar nicht.

Entsprechend kompliziert ist die Schrift. Die Schreibweise von tibetischen Namen in unserer Schrift kann daher unterschiedlich sein. Viele Namen und Wörter wurden zunächst über die englische Lautsprache in unsere Schrift übertragen. Viele Namen werden mit Bindestrichen zwischen den Silben geschrieben. Auch damit wird versucht, die Schreibweise der tibetischen Silbenschrift anzugleichen.

Ein weiteres Problem: Es gibt zwar eine Form tibetischer Hochsprache, die aber nur von Gelehrten beherrscht wird. Gesprochen wird in einer Vielzahl von Dialekten mit regional unterschiedlicher Aussprache. Das Wort für Hund wird in Zentral- und Westtibet als „Khyi" ausgesprochen, in Norosttibet als „Dschi", ganz im Osten als „Dsch-h" Die Unterschiede sind etwa so extrem wie Schwyzerdütsch zu Kölsch oder Südsteirisch.

Es kann durchaus vorkommen, dass ein Begriff einigen Tibeter_innen bekannt, anderen aber völlig unbekannt ist.

Bei der Benennung von Hunden greifen Züchter_innen zunächst auf tatsächliche Namen zurück, die auch Menschen tragen. Dabei spielt oft das Geschlecht keine Rolle, *Tsering („langes Leben")* kann sowohl ein Mann als auch eine Frau heißen. Sehr oft werden aber Hunde auch nach hübschen Begriffen benannt wie *Ba-Lu*, der Rhododendron, oder *Bumo*, die Tochter.

links: „Bumo", die Tochter.
rechts: „Gönpö", der Beschützer.

Die dritte Variante der Namensgebung: historische oder mythologische Figuren wie *Bhrikuti*, die nepalesische

Prinzessin, die mit dem ersten König *Songtsen Gampo* verheiratet wurde.

Manche Buchstaben unseres Alphabets gibt es in der tibetischen Sprache nicht als Anfangslaut. Ein „E-Wurf" wird keine tibetischen Namen bekommen, weil es nur vereinzelte Wörter mit „E" am Anfang gibt. „F" gibt es gar nicht.

Selbstverständlich gibt es auch Züchter_innen, die diesem Trend der tibetischen Namensgebung nicht folgen.

Die Namen der Zuchtstätten sind, sofern unter dem Dach der FCI gezüchtet wird, geschützt. Sie müssen so unterschiedlich sein, dass sie keinesfalls verwechselt werden dürfen. Auch hier werden viele tibetische Begriffe oder die Namen historischer (religiöser) Figuren verwendet.

Der Name, den ein Do Khyi in seinem Stammbaum trägt, kann damit durchaus zum Zungenbrecher werden.

„Gönpokhyi" - Wachhund - ist der Zwingername des Welpen.

Züchterinnen und Züchter berichten

Mit Engagement und Idealismus züchten

Michaela Panzenböck

Unsere Familie: zwei erwachsene Kinder, mein Mann und ich, acht erwachsene Do Khyi - vier Rüden und vier Hündinnen - ein Shih Tzu aus dem Tierheim, zwei Katzen und Hühner.

Wir leben auf einem großen, gut eingezäunten Grundstück in Leobersdorf im südlichen Niederösterreich. Unsere Hunde leben ohne Zwinger friedlich in einem Rudel zusammen und die alten Hunde haben einen schönen Lebensabend bei uns. Unsere Do Khyi sind freundliche und offene Familienhunde mit hoher Sozialkompetenz sowie einem zeitgemäßen Wachinstinkt.

Immer schon spielten Hunde in meinem Leben eine wichtige Rolle und seit meiner Kindheit hatten wir zu Hause einen Hund. 1991 bekam ich meinen ersten eigenen Hund, einen Deutschen Schäferhund. Anschließend wurden unsere beiden Kinder geboren und ich war auf der Suche nach einem geeigneten Vierbeiner.

Nach diversen Büchern und Ausstellungen entschieden wir uns 2001 für ein Do Khyi Mädchen. Wir telefonierten mit vielen Züchtern und Besitzern und kamen nach etlichen Umwegen zu Sanne Rutloh, die damals noch in den Niederlanden wohnte. Die erfreuliche Nachricht, ihre Hündin Hazel, aus dem legendären Saipal Zwinger von Jay Singh aus Nepal, wurde gedeckt und alle warteten gespannt auf den

Michaela Panzenböck züchtet seit 2004 unter dem Namen „Günga Nimas", der „Wintersonne". Sie ist die einzige Züchterin in Österreich. Anfang 2017 zählen acht Do Khyi zur Familie.

großen Tag.

Wir hatten mit der Wahl unserer ersten Hündin aus dem Samantabhadra´s Kennel großes Glück! Samantabhadra´s Lalita Kiara bestand alle Gesundheits– und den Wesenstest mit Bravour und wurde so zur Stammmutter vom Günga Nima´s Kennel. Nach mehr als 10 Jahren Do Khyi Absenz in Österreich sorgte Kiara 2004 mit unserem A-Wurf für Nachwuchs. Dem folgten noch zahlreiche gesunde, rassetypische, langlebige Do Khyi nach. Sie hat uns in der Zucht unschätzbare Dienste erwiesen. Sie vereinte Schönheit, Gesundheit und ein wunderbares Wesen. Kiara wird immer einen besonderen Platz in meinem Herzen haben.

Seitdem erblickten 69 Welpen bei uns das Licht der Welt. Auf die unzähligen Champions, Jahressieger und Gruppensieger sind wir natürlich auch zurecht stolz.

Die Verpaarung der Hunde wird sehr gewissenhaft ausgewählt. Es werden keine Kosten und Mühen gescheut, viele Aspekte müssen passen wie Gesundheit, Blutlinie, Aussehen und natürlich ganz wichtig: Wesen!

Ich würde niemals einen Rüden für die Zucht verwenden, den ich nicht persönlich getroffen habe. Jede Verpaarung wurde mit

Ausflug mit den Welpen.

der Zielsetzung geplant, freundliche, gesunde, langlebige und wesensfeste Hunde in die Welt zu entlassen. Dem ist ein langer Denk- und Planungsprozess voraus gegangen, der auch die richtige und endgültige Platzierung der Welpen in der neuen Familie beinhaltet.

Unsere Welpen werden nicht nur 24 Stunden am Tag betreut, sie werden intensiv sozialisiert und bekommen hochwertiges Futter. Wir geben unsere Hunde nicht einfach an den Erstbesten ab, sondern legen größten Wert darauf, dass die Entscheidung für einen Hund auch wirklich sorgfältig getroffen wurde und nicht aus einer Laune heraus.

Jeder Welpe, der unsere Zuchtstätte verlässt, tut dies mit einer lebenslangen Versorgungsgarantie, die vertraglich verankert ist. Dies ist eine Sicherheit für beide Seiten, sowohl Käufer als auch Verkäufer. Kein Do Khyi aus unserer Zucht wird je in einem Tierheim lan-

Michaela Panzenböck mit Char-can

den. Wenn das Halten durch verschiedene Lebensumstände nicht mehr möglich ist, muss der Hund zu uns zurück! Nur so können wir „unsere" Welpen schützen und garantieren, dass wir als Züchter allzeit die Verantwortung übernehmen. Des Weiteren bekommen sie eine umfangreiche Welpen-Mappe, mit allen relevanten Infos zu den Eltern, Erziehung und Haltung eines Do Khyi.

Nach nun doch schon einigen Jahren Züchtererfahrung hat sich zwar vieles verändert, einiges ist jedoch noch genau so, wie am Beginn: Mein Engagement sowie Idealismus.

Die gesunde Konstitution der tibetischen Hunderassen, ihre einzigartige Erscheinung und ihr besonderes Wesen für die Zukunft zu erhalten sowie das Wohlergehen des Hundes wird für mich immer an erster Stelle stehen. Dass wir unseren Welpenkäufern allzeit mit Rat und Tat zur Seite stehen, ist nicht bloß ein Lippenbekenntnis!

Die „Sammys" im Odenwald

Sanne Rutloh

Vor fast 30 Jahren trat der erste Do Khyi, der Rüde „Pashupati", in mein Leben und seitdem spielt diese Rasse eine zentrale Rolle in unserer Familie. Es war die berühmte „Liebe auf den ersten Blick".

Dass man diese Hunde nicht mit „normalen" Hundemaßstäben messen kann, wurde uns schnell klar. Sie sind hochintelligent und trotz ihrer Eigenwilligkeit, mit der nötigen Portion liebevoller Konse-

Sanne Rutlohs Zwinger heißt „Samantabadhra's". Das kommt aus dem Sanskrit und bedeutet „um und um gut" oder „allseits gut". Diesen hohen Anspruch versucht sie zu erfüllen.

quenz, sehr gut erziehbar, auch wenn sie gern den Nutzen von Unterordnungsübungen hinterfragen und schnell gelangweilt wirken, wenn sie ihnen scheinbar nicht einleuchten.

Wir schätzen an unseren Hunden das ruhige, würdevolle und selbstbewusste Auftreten, ihre Nervenstärke und Souveränität. Denn trotz ihrer Größe und Kraft sind Do Khyi liebevolle und oft bis ins hohe Alter verspielte Familienhunde, die ihr Rudel rückhaltlos lieben, auch wenn sie es nicht ständig zeigen.

Der Do Khyi ist ein hervorragender Wächter, eine Eigenschaft, die man nicht zu fördern braucht, denn sie ist ihm angeboren und tief in seinem Wesen verwurzelt. Sein enormes Anpassungsvermögen, nichts kann ihn so schnell aus der Ruhe bringen, macht ihn zu einem der angenehmsten Begleithunde überhaupt.

In den letzten Jahren haben verschiedene Projekte

Pashupati, Sanne Rutlohs erster Do Khyi, mit einem Spielgefährten

gezeigt, dass der Do Khyi sich auch hervorragend als Therapiebegleithund in mannigfaltigen Bereichen eignet. Patiala und Pushpa aus unserem P-Wurf waren die ersten Therapiehunde in Deutschland. Ihnen folgten noch weitere nach, worauf wir sehr stolz sind.

Überhaupt hat Wesen bei unserer Auswahl einen sehr hohen Stellenwert, gleichgesetzt mit der Gesundheit. Unzählige Champions haben über die Jahre aber auch bewiesen, dass die Schönheit auf keinen Fall zu kurz kommt.

Meine kleine Hobbyzucht „Samantabhadra´s" hat es mittlerweile auf mehr als acht Generationen „Sammys", wie sie liebevoll von ihren Besitzern genannt werden, gebracht.

Sanne Rutloh mit ihrem Weltsieger „Ugi",in Mailand, 2015

Der Anspruch des „allseits Guten" hat mich bei der Auswahl und Planung immer geleitet und steht seit 1990 für das Motto meiner Zucht: „Gesunde, langlebige Do Khyi mit zeitgemäßem Wesen, die auch schön und erfolgreich sein dürfen". Einmal im Jahr haben wir einen Wurf (keine unserer Zuchthündinnen bekommt mehr als zwei bis drei Würfe in ihrem Leben), den wir sehr intensiv betreuen und sozialisieren.

Nach so vielen Jahren der Zucht und Erfahrung ist es ein gutes Gefühl sagen zu können, dass man alle Hunde auf dem Stammbaum persönlich gekannt hat und um ihre Stärken und Schwächen weiß. Ein Vorteil, den Newcomer sich erst mühsam erarbeiten müssen.

Austausch und Zusammenarbeit mit anderen Züchtern, die enge Freunde und Weggefährten wurden, war dabei immer essentiell, denn die enge Zuchtbasis setzt viel Engagement und Passion voraus. Weite Wege zum perfekten Deckrüden wurden niemals gescheut.

Unsere Oldies genießen ihren Lebensabend bei uns im Rudel, das nicht in Zwingern, sondern ausschließlich im Haus und Garten mit uns zusammen lebt.

Was mich als Züchter natürlich besonders freut sind Welpenkäufer, die sich nach 10-15 Jahren wieder für ein neues Familienmitglied anmelden und auch gerne bereit sind, eine längere Wartezeit in Kauf zu nehmen.

Sanne Rutlohs Rüde Kandschur galt als „Idealtyp" des Do Khyi.

Besonders emotional sind ehemalige Kinder, die mit ihrem „Sammy" aufwuchsen, der sie während ihrer Kindheit als treuer Freund begleitet hat und die als Erwachsene diese Tradition jetzt mit ihrer eigenen Familie weiterführen.

Ein weiteres attraktives Attribut des Do Khyi ist zudem die überdurchschnittliche Lebenserwartung für eine große Hunderasse im Vergleich zu anderen. Einer unserer Rüden wurde 17 Jahre alt. 10 bis 12 Jahre sind aber durchaus die Regel. Durch den Einsatz von „alten" Deckrüden konnte das Merkmal Langlebigkeit über Generationen gefestigt werden, was sicherlich eines der wichtigsten Kriterien bei der Zucht sein sollte.

Echte rassebedingte Krankheiten kennt der Do Khyi nicht, obwohl sich in den letzten Jahren doch auch vermehrt ungewünschte Eigenschaften gezeigt haben, die es unbedingt abzuwehren gilt, bevor sie sich zu einem großen Problem auswachsen könnten. Unsere Zuchttiere müssen auf HD, ED und PL und Augenkrankheiten untersucht sein und ein DNA-Profil nachweisen. Außerdem werden vor Zuchteinsatz die Schilddrüsenwerte kontrolliert, sowie ein ausgiebiger Gesundheitscheck, der auch ein Herz-Screening mit einschließt, ausgeführt.

Seit etwa zehn Jahren hat sich die Do Khyi Zucht aber in anderer Hinsicht extrem verändert: Die Schlagzeile „Teuerster Hund der Welt,- Statussymbol reicher Chinesen" hat dieser seltenen Rasse keinen guten Dienst erwiesen. Denn als Statussymbol allein sind sie zu schwierig und als Welpeninteressent sollte man sich kundig machen und sehr genau prüfen, WO man sein neues Familienmitglied kauft, auch wenn das Internet mit vermeintlichen „Schnäppchen" lockt. Zu viele Hundevermehrer sprangen auf den Do Khyi Zug auf ... Die Folgen dieser Massenproduktion sind noch lange nicht absehbar. Importe dubioser Abstammung fanden ihren Weg in den Westen und in Zuchtprogramme, die leider so gar nichts mit dem ursprünglichen und robusten Hund aus Tibet gemein haben.

Und das ist dann schon die erste gute Übung auf dem Weg zum Do Khyi und dem Züchter ihres Vertrauens: Geduld üben und nichts über's Knie brechen; Do Khyi Hündinnen sind nämlich in der Regel nur einmal jährlich läufig, was bedeutet, dass es durchaus etwas länger dauern kann bis man seinen Traumwelpen gefunden hat. Und dass man auch weite Wege in Kauf nehmen muss sollte einem bewusst sein, und sind absolut gerechtfertigt, reden wir doch über eine Verbindung die viele, glückliche Jahre halten soll.

Und noch ein Phänomen wird beobachtet: wo ein Do Khyi einzieht folgt meistens nach ein paar Jahren noch ein zweiter dazu. Es ist aber ganz sicher eine gutartige Sucht, die zur Folge hat, dass man sich ein Leben ohne sie nicht mehr vorstellen kann.

Meine Liebe für's Leben

Martina Hudcovicova

Erst kürzlich ist mir aufgefallen, dass ich schon mein halbes Leben mit meinem größten Hobby und meiner größten Liebe verbracht habe: Do Khyi.

Es ist genau 21 Jahre her, als wir unseren ersten Do Khyi bekamen – den Rüden Amor. Bis dahin hatten wir keine Ahnung von Zucht, Ausstellungen und so weiter und wir hatten nur ein klein wenig Erfahrung als Hundehalter durch unsere Mischlingshündin Vikina, die mein bester Freund während meiner Kindheit war.

Als sie Krebs bekam und der Tierarzt uns mitteilte, dass sie trotz Operation und Behandlung nur noch wenige Monate zu leben hatte, entschieden wir uns für einen weiteren Hund, bevor sie uns verlässt. Wir wollten einen Alaskan Malamute Welpen, aber der Züchter hatte damals keinen Wurf. Er hatte aber den ersten Do Khyi Wurf in der Slowakei. Do Khyi haben schon bei unserem ersten Besuch beim Züchter unser Herz gestohlen und so wurde Amor bald Mitglied unserer Familie. Er wurde zum großen Freund von Vikina, die durch ihn wieder aktiver wurde und weitere eineinhalb Jahre zusammen mit Amor gelebt hat.

Amor war ein typischer Do Khyi, ein großer, starker und eigensinniger Junge, sodass er für uns Do Khyi Anfänger eine echte Herausforderung war. Es war am Anfang nicht einfach, wir mussten den Charakter des Do Khyi kennen und verstehen lernen. Aber je mehr wir ihn kannten desto mehr liebten wir ihn. Wir fanden heraus, wie schön diese Rasse ist – unabhängig, stolz, nobel, selbstbewusst, und gleichzeitig der perfekte Familienhund, der alle Familienmitglieder liebt, ein ruhiger und fürsorglicher Gefährte und perfekter Wachhund. Wir haben gelernt mit ihm zu leben, seine Persönlichkeit zu respektieren und gleichzeitig seinen Respekt zu bekommen. Wer einmal ihr Vertrauen und ihre Liebe bekommen hat großartige Freunde fürs Leben.

Martina Hudcovicovas Zucht „Gankar" ist nach einem Kloster in Tibet benannt. Der Begriff bedeutet auch „verschneit", „schneebedeckt" oder „schneeweiß".

Sie lebt mit ihren neun Do Khyi in der Slowakei, wo sie täglich alle miteinander durch die Hügel spazieren.

Amor hat uns sehr geliebt und er war ein wirklich großartiger Junge. Als er zweieinhalb Jahre alt war, haben wir für ihn aus Frankreich eine Do Kyhi-Freundin geholt, genannt Orine. Sie hat nicht nur hübsch ausgesehen, sondern hatte auch eine schöne Seele. Sie war freundlich, ausgeglichen und intelligent. Dieses bezaubernde Mädchen hat uns die Welt der Zucht und der Ausstellungen eröffnet. Wir lernten viele Züchter kennen, Hunde, viele Freunde. Weil Orine auf den Ausstellungen erfolgreich und sehr gesund war und einen großartigen Charakter hatte, beschlossen wir, mit ihr einen Wurf zu machen. Wir gründeten unsere Zuchtstätte „Gangkar".

Orine wurde Mutter von drei hervorragenden Würfen, der Basis unserer Zucht, aus der viele Champions hervorgingen, die auch wieder sehr nette Welpen bekamen. Vor allem aber haben sie ihren liebenden Besitzern viel Freude für lange Zeit gebracht. Sie alle wurden zwischen zehn und 14 Jahre alt. Das ist der Grund, warum ich gerne züchte: Wir bringen nette Do Khyi in diese Welt, die Besitzer sind mit ihnen glücklich und werden sehr gute Freunde. Wir treffen nette Menschen und natürlich bekommen wir viel Liebe von unseren Hunden.

Zucht ist keine Arbeit sondern ein Hobby für uns.

Orine, die Stammmutter der Zucht.

Alle unsere Hunde sind vollwertige Mitglieder unserer Familie. Wir haben keine Zwinger oder Käfige, alle unsere Hunde leben mit uns im Haus. Sie gehen in den Garten, wann immer sie wollen, und jeden Tag gehen wir in den nahen Hügeln mit ihnen allen spazieren. Ich bin glücklich mit meinen Eltern und meiner Schwester zusammen zu wohnen, sie helfen mir sehr viel. Ohne sie wäre mein Hobby unmöglich.

Selbstverständlich haben wir wie in jeder Zucht manchmal auch mit gesundheitlichen Problemen zu tun. Deshalb lassen wir alle unsere Hunde untersuchen und empfehlen das auch den Welpenkäufern. Wir versuchen immer, nette gesunde Eltern zu verpaaren, aber Mutter Natur sorgt in jedem Fall für Überraschungen. Wir haben nie aufgegeben, selbst wenn besonders kleine Welpen mit Problemen geboren wur-

Tenzin und Ria, die beiden jüngsten Hündinnen im Rudel.

den. Wir haben sie bei uns behalten, um sie zu umsorgen, und natürlich wird so ein Hund genauso geliebt wie alle anderen.

Ich habe niemals einen meiner Hunde weg gegeben – alle unsere Hunde bleiben bei uns ihr ganzes Leben lang. Ich denke, so sollte es sein, sind sie doch Familienmitglieder.

Wir hatten niemals mehr als drei Würfe von einer Hündin, normalerweise nur ein bis zwei. Ich entscheide mich dazu, einen Hündin decken zu lassen, wenn es mindestens vier ernsthafte Reservierungen für Welpen gibt, weil diese Rasse nicht zu jedem passt und es braucht Zeit die wirklich richtigen neuen Besitzer für Do Khyi Welpen zu suchen. Bei dieser Suche tun wir unser Bestes, wir sprechen nicht nur über die positiven Seiten, sondern auch über mögliche Probleme und besonderen Bedürfnisse dieser Rasse: Alle Do Khyi brauchen gute Sozialisation, weil sie allem Neuen gegenüber sehr misstrauisch sind. Die meisten sind sehr eigensinnig und hören auf Kommandos nicht so gut, daher ist Training nicht immer einfach. Manche Do Kyhi können sehr dominant sein und müssen wissen, wer der Boss in der Familie ist. Besitzer müssen genau und geduldig in ihrer Erziehung sein.

Manche Do Khyi mögen es, Zäune zu zerstören, über sie zu springen oder darunter durch zu graben und davon zu laufen. Ein starker und hoher Zaun ist notwendig. Manche Do Khyi bellen vor allem in der Nacht sehr viel, daher braucht es großzügige Nachbarn oder man muss den Hund beruhigen und ihm beibringen zu bellen aufzuhören. Wie alle anderen Rassen können sie Gesundheitsprobleme wie HD, ED, Schilddrüsenunterfunktionen oder Augenprobleme haben ...

Wir versuchen immer unseren Welpenkäufern so viel wie möglich zu helfen. Wir fühlen uns verantwortlich für jeden einzelnen Welpen und wir sind, wenn notwendig, immer zur Stelle. Es ist traurig und enttäuschend, wenn die neuen Besitzer nicht mit uns in Kontakt bleiben, aber auch das kann passieren. Manchmal verändern sich Menschen oder sind anders, als wir es erwartet haben ... Wenn ein Junghund oder ein erwachsener Hund aus welchem Grund auch immer ein neues Zuhause braucht, nehmen wir ihn zurück oder wir versuchen das bestmögliche neue Zuhause zu finden. Wir haben niemals „nein" zu irgendeinem Do Khyi gesagt, der Hilfe brauchte, nicht nur aus unserer eigenen Zucht, und suchen immer nach einer Lösung. Ich schätze es sehr, dass viele Do Khyi Züchter und Besitzer einander helfen, Menschen halten zusammen und so können sogar traurige Geschichten mit einem Happy End ausgehen.

Familiäre Unterstützung macht die Zucht erst möglich.

Natürlich hat Zucht auch schlechte Seiten, die ich nicht mag. Es gibt Feindschaft und Hass zwischen Züchtern und manche verbreiten Lügen ohne die Wahrheit zu kennen oder an ihr interessiert zu sein, ohne die betroffenen Personen zu kontaktieren. Jeder kann Fehler machen, niemand ist perfekt. Wir alle sollten einander respektieren und Verständnis zeigen. Unglücklicherweise sind Geld und Geschäft das Wichtigste für manche Züchter und das ist in jeder Zucht der schlechteste Weg. Dann sehen wir unglückliche Do Khyi in schlechten Händen, unter schlechten Lebensbedingungen, manche brauchen ein neues Zuhause, landen im Tierheim oder werden schlimmstenfalls eingeschläfert.

Wir sehen auch, wie manche neuen modernen Merkmale extremer Art bevorzugt werden – je größer desto besser, je schwerer desto besser, je mehr Haut desto besser, je mehr Fell desto besser ... Dabei wird vergessen, wofür dieser Hund da ist und wie er aussehen sollte, ohne Respekt vor dem Ursprung der Rasse. In unserer Zucht versuchen wir den klassischen alten Typ des Do Khyi für die Zukunft zu erhalten, wie wir ihn seit vielen Jahren und aus seiner Geschichte kennen.

Wenn ich eines Tages aufhöre zu züchten, dann weil ich zu ermüdet und enttäuscht von den Menschen bin, aber ich werde nie ermüdet oder enttäuscht von Do Khyi sein. Do Khyi sind meine große Liebe für immer.

Eigensinnig und geheimnisvoll

Marta Kowalska

Es ist nicht einfach über die Liebe und Leidenschaft zu schreiben, deren Teil ich seit beinahe 20 Jahren bin (verfolgt, besessen, überwältigt).

Mein erster Do Khyi kam aus Holland zu uns Dank Sanne Rutloh. Dumka Teshoo war die erstaunlichste, eigensinnigste, geheimnisvollste und geliebteste Do Khyi Hündin. Sie hatte alle Eigenschaften, die Do Khyi zu so einer besonderen Rasse machen – es ist nicht einfach zu züchten und damit zu leben. Sie hat mir die besten Lektionen erteilt, wie ich mein Leben führe, damit sowohl Menschen als auch Hunde ein glückliches Leben führen. Sie war 100 Prozent Do Khyi, sowohl vom Charakter als auch vom Aussehen. Wir nennen das nun „altmodisch" oder „alter Typ", aber meiner Meinung nach war das der richtige Typ der Rasse, den wir heutzutage nur noch selten im Ausstellungsring sehen.

Dumka lebte 12,5 Jahre und brachte mir in ihrem ersten Wurf den fantastischen, berühmten und unvergessenen „Namseling Mahatma la", bekannt als „Nepal", meinen ersten Do Khyi Rüden. Er hatte den Charakter seiner Mutter, aber er war „männlich". Er war der Siegerhund in den Jahren 2002 bis 2009 in ganz Europa und hat seine Gene bis heute an vier Generationen weiter gegeben. Viele seiner Nachfahren tragen NepalsGene mit einem großartigen mächtigen Kopf mit kurzem Fang und rassetypischem Ausdruck. Ich bin dankbar für all

Marta Kowalska ist die erfahrenste Züchterin von Do Khyi in Polen. Ihr Zwingername lautet „Mahatma la". „Mahatma" bedeutet „große Seele". Die tibetische Silbe „la" wird in der Ansprache von Personen hinter deren Namen gesetzt und meint „verehrt".

jene, die das heute noch schätzen. Nepal starb im Jahr 2015 im Alter von 13 Jahren.

Ich habe in meine Zuchtstätte Jahr für Jahr Rüden und Hündinnen aus Finnland (Mei Dan), den USA (Himalaya's), Indien (Saras), Deutschland (Virupaksha), Belgien (Nandari's) und Irland (Kaltekhan's) importiert auf der Suche nach den besten Eigenschaften der Rasse in ihnen. Ich habe immer auf den Typ geachtet im Vergleich zu meiner ersten Dumka und ihrem Sohn Nepal. Das Wichtigste für mich: der rassetypische Ausdruck, ein typischer Kopf (mächtig, kurzer Fang mit klar definiertem Stopp, aber niemals wie ein Mastiff mit zu viel Wamme und losen Augen), ein typisches Wesen – nicht einfach für Ausstellungen heutzutage, die Qualität des Haarkleides – einfach sauber zu halten, gute Knochen. Die Größe des Hundes und die Menge an Fell hat keine große Bedeutung für mich.

Der Vater mit seinem Nachwuchs.

Jeder wahre Züchter achtet auf Gesundheit. Während beinahe 20 Jahren lebten 15 Do Khyi bei mir. Ich hatte Glück, dass nur zwei meiner Do Khyi keine perfekten Hüften hatten. Es ist unmöglich alles über die Mahatma la Welpen zu wissen während so vieler Jahre, aber die meisten sind langlebig (mehr als elf Jahre) ohne ernsthafte gesundheitliche Probleme.

Do Khyi haben mein Leben ganz sicher verändert, nicht nur wegen der Zucht mit all ihren Umständen – schlaflose Nächte, Unordnung zuhause mindestens zwei Monate lang, Verantwortung in dem Sinn, dass alle meine Welpen für mich wie meine eigenen Kinder sind.

Do Khyi haben mir eine Lebensweise gezeigt, interessante Plätze zu besuchen und nette ähnlich denkende Menschen in der ganzen Welt zu treffen. Dank meiner Hunde habe ich zwei Mal Indien besucht, die USA,

Nepal macht sich's gemütlich.

Russland, und beinahe alle europäischen Staaten, um Ausstellungen zu besuchen, um Welpen im Auto und im Flugzeug in ihr neues liebevolles Zuhause zu bringen. Ich habe versucht die Kilometer zu zählen, die ich selbst mit dem Auto mit meinen Hunden unterwegs war, um völlig übermüdet ein Ziel zu erreichen. Es müssen mehr als 300.000 sein.

Ich denke es ist unnötig, alle Ausstellungstitel zu erwähnen, die meine Hunde erreicht haben, Hunde aus meiner Zucht und ihre Nachkommen. Es waren wunderbare dabei, bei denen ich Tränen in den Augen hatte, in unterschiedlichen Ländern. Die kostbarsten für mich: Europasieger, zweitbester Hund bei Champion of Champions in Zagreb und zweiter Platz bei bei der Wahl des Rassebesten der internationalen Jubiläums Show in Maastricht. Ich habe das mit meinem geliebten Nepal erreicht – besser: Er hat es für mich

Sati ruht sich vom Spielen aus.

erreicht, die Müdigkeit der langen Autoreisen bezwingend.

Ich schätze die meisten Spezial-Ausstellungen für tibetische Rassen, die in vielen Ländern von den Klubs organisiert werden und die Tibet Dog Europa Show. Unsere Hunde haben die Ehre von Rasse-Spezialisten gerichtet zu werden. Das hat für mich eine höhere Bedeutung als zu gewinnen, weil es auch eine Lektion für die Zucht ist.

Jeder verantwortungsvolle Züchter versucht, nicht zu viele Würfe gleichzeitig zu haben und die allerbesten Zuhause für die Welpen zu finden. Zunächst: Es ist nicht einfach im Wissen wie unvorhersehbar Do Khyi Hündinnen sind. Ich hatte nur einmal drei Würfe zu gleicher Zeit in meiner Zuchtstätte. Und dann: Ich muss sagen, dass ich das Glück hatte, dass von 25 Würfen nur drei Welpen von ihren ersten Besitzern zurückkamen.

Was ich an den künftigen Welpenbesitzern am meisten schätze ist deren Sensibilität, Toleranz und Freiheit im Denken. So, glaube ich, kann das Mensch&Hund-Duo lange ein glückliches Leben miteinander führen, weil verantwortungsbewusste Do Khyi-Besitzer wissen, dass es keine Grenzen und Regeln für unsere geliebten Do Khyi gibt.

Der Do Khyi als Familienhund

Überlegungen vor dem Kauf

Wer sich für einen Do Khyi entscheidet, darf keinen absoluten Gehorsam erwarten. Jeglicher Ehrgeiz in Sachen Hundesport ist fehl am Platz. Stattdessen wird ein selbständiges und im besten Wortsinn eigenwilliges Familienmitglied einziehen. Einen Do Khyi zu kaufen bedeutet, die Verantwortung für ein Lebewesen für die kommenden 15 Jahre und mehr zu übernehmen. Sorgfältige Vorbereitung hat sich das neue Familienmitglied verdient.

Ein Do Khyi braucht Platz

Wer in einer Wohnung ohne Garten lebt, sollte über einen Do Khyi erst gar nicht nachdenken. Ein Do Khyi braucht viel Platz.

Er braucht ausreichend große Liegeplätze im Haus. Diese Plätze sind überall dort, wo sich seine Menschen am liebsten aufhalten. Sein Mensch duscht: Er liegt vor der Dusche. Sein Mensch kocht: Er liegt in der Küche. Sein Mensch sitzt beim Computer: Er liegt unter dem Arbeitstisch. Ob er mit seinen Menschen am Sofa liegt: Das ist Erziehungssache.

Er braucht einen großen Garten. Diesen Garten wird er sich zu eigen machen. Die Rasse ist sehr ursprünglich und hat Jahrhunderte lang im Freien gelebt. Der Hund wird sich Löcher graben, wo er es für bequem hält. Ob genau dort besonders edle Rosen wachsen oder ein schön getrimmter Rasen liegen sollte, ist ihm herzlich egal.

Dieser Garten muss gut abgesichert sein. Es muss für fremde Menschen (und Tiere) absolut unmöglich sein, diesen Garten ungefragt zu betreten. Selbst wenn ein Hund einen Einbrecher verletzt: Der offizielle Besitzer, die Besitzerin sind haftbar.

Es ist daher notwendig, auch einen Bereich zu haben, in den der Hund in Ausnahmesituationen weg gesperrt werden kann.

Auch das eigene Auto muss den Dimensionen des Hundes gerecht werden. Der Platz für den Do Khyi muss dabei so gesichert sein, dass er sich bei Langeweile das Auto nicht nach eigenen Ansprüchen „umgestalten" kann.

Es muss ja kein eigener Wald sein, aber ein großer Garten ist notwendig.

Ein Do Khyi braucht die „richtigen" Menschen

Dieser Hund ist ein äußerst eigenständiges Wesen, das gerne selbst entscheidet. Wer sich einen Do Khyi-Welpen ins Haus holt, muss von Minute eins erziehen. Das süße Knuddel-Welpi lernt und wächst schnell - auch so manchen Menschen über den Kopf.

Absolute Konsequenz und enorme Geduld sind jene zwei Eigenschaften, die Do Khyi-Menschen im Übermaß besitzen sollten. Sie brauchen außerdem viel Phantasie, um diesen Hund nicht zu langweilen.

Auch Freunde und Freundinnen werden nie wieder ungehindert aus– und eingehen können. Der Garten muss abgesichert, das Haus sicher versperrt, Gäste an der Tür abgeholt und den Hunden vorgestellt werden.

Der Schlamm wird aus dem Fell rieseln - im Wohnzimmer ...

Die Wahl der Zuchtstätte

Es gibt im deutschsprachigen Raum Europas nicht sehr viele Züchter_innen. Die Mehrzahl arbeitet verantwortungsbewusst, aber auch bei der Zucht dieser Rasse gibt es einige schwarze Schafe.

Im Internet alleine sind sie oft nicht zu unterscheiden, hübsche Fotos und lustige Texte können mangelnde Zuchtqualität überdecken.

Ahnentafeln und Stammbäume zu erfinden und nobel zu gestalten, ist einfach. Selbst zu gründende und durchaus eingetragene „Welt-Dachverbände" mit durchgestylten Logos sind darauf zu finden. Wer „nach dem Standard der FCI" züchtet, meint damit möglicherweise nur die Rassebeschreibung, nicht aber die strengen Zuchtauflagen.

Wer auf strenge Kontrolle Wert legt, wird bei einer Zuchtstätte unter dem Dach der FCI landen. Über die jeweiligen Landesverbände sind die Spezialklubs zu finden, die für die Einhaltung der Bestimmungen zuständig sind und Listen der Zuchtstätten veröffentlichen.

In Zoohandlungen ist der Do Khyi bislang nicht aufgetaucht, sehr wohl aber in Tierheimen. Sie stammen aus „Zuchtstätten", die mehr an Profit als am Wohlergehen ihrer Hunde interessiert sind. Auch in so genannten „Tötungsstationen" in Ungarn oder der Slowakei sind immer wieder Do Khyi. Hier ist allergrößte Vorsicht geboten: Die Hunde stammen sehr häufig von Vermehrungsbetrieben, ihre Sozialisation ist oft genug katastrophal.

Wer einen gesunden und fröhlichen Hausgenossen für die nächsten Jahre haben will, sollte nicht vor weiten

Anreisen zu seriösen Züchter_innen zurück schrecken.

Züchter_innen sind Ansprechpartner_innen das gesamte Hundeleben lang. Sie stehen jederzeit mit Rat und Tat zur Seite. Auch da steht das Interesse an den eigenen Welpen im Vordergrund: Sie wollen die Entwicklung über Jahre mit verfolgen. Nicht zuletzt, um deren Gesundheit im Auge zu behalten und daraus Schlüsse für die eigene Zucht zu ziehen.

Seriöse Zuchtstätten sind meist schon beim ersten telefonischen Kontakt erkennbar: Fragen über Fragen werden gestellt. Niemand will Welpen nach einigen Wochen zurück nehmen müssen, weil die neuen Besitzer_innen letztlich doch überfordert sind. Etliche Züchter_innen lassen erst dann eine Hündin decken, wenn schon einige Welpen „bestellt" sind.

Etwa ab der vierten Lebenswoche dürfen in den meisten Zuchtstätten die Welpen besucht werden. Wer ein bis zwei Stunden mit den Welpen verbringt, wird die einzelnen Charaktere erkennen. Die Auswahl des Wunschwelpen und die Eingewöhnung nach der Übergabe fallen damit leichter. Es kann durchaus sein, dass ein Züchter oder eine Züchterin den Interessierten die Wahl nicht selbst überlässt. Aufgrund der Erfahrungen mit den Welpen wird der passende Hund ausgesucht.

Das Logo des Welt-Dachverbandes

Checkliste: Woran sind gute Zuchtstätten zu erkennen?

◊ Ist die Zuchtstätte bei der FCI eingetragen? Die Website bietet die Möglichkeit, nach allen geschützten Zwingernamen zu suchen.

◊ Beim Erstkontakt werden den Interessent_innen unzählige Fragen gestellt. Finger weg von „Züchter_innen", die sofort den Preis nennen und den Hund womöglich ins Haus liefern (lassen).

◊ Umgekehrt werden geduldig unzählige Fragen beantwortet. Züchter_innen helfen damit bei der Entscheidung, ob der Do Khyi auch wirklich die richtige Rasse ist.

◊ Interessent_innen dürfen die Welpen besuchen und lernen bei dieser Gelegenheit das gesamte Rudel kennen, vor allem aber die Mutterhündin.

◊ Ärztliche Atteste werden im Original vorgelegt, auch Körberichte und Ausstellungsergebnisse.

◊ Niemand wird beim ersten Besuch manipulativ unter Druck gesetzt, um sofort einen Welpen mitzunehmen. Seriöse Züchter_innen bevorzugen Interessent_innen, die wohlüberlegt eine Entscheidung treffen.

◊ Seriöse Züchter_innen raten unter Umständen von einem bestimmten Welpen ab oder empfehlen einen bestimmten Welpen, weil sie ihren Nachwuchs gut kennen.

◊ In einem Kaufvertrag verpflichten sich seriöse Züchter_innen im Notfall den Hund zurück zu nehmen oder bei der Weitervermittlung zu helfen. Ihre Hunde landen niemals im Tierheim.

◊ Züchter_innen sind gut vernetzt. Hat eine Zuchtstätte keine Welpen, werden Interessent_innen an andere weiter vermittelt.

Hund und Kind?

Im Grunde ist jeder Hund „kinderfreundlich". Die Grundlage dafür ist, dass die Kinder mit Hunden richtig umgehen können. Umgekehrt muss ein Hund Kinder sehr frühzeitig als gefahrlos, im besten Fall als wunderbare Spielgefährten kennen lernen.

Je jünger Kinder sind, desto mehr muss darauf geachtet werden, Kind und Hund niemals alleine zu lassen. Das Kind kann eine unbedachte Bewegung machen, womöglich auf den Hund fallen, den Hund unbeabsichtigt verletzen. Der Hund wird instinktiv nach der „Gefahr" oder dem Schmerzauslöser schnappen. Das kann schon bei den Milchzähnen des jungen Welpen zu unangenehmen Verletzungen führen.

Bei tibetischen Nomaden wachsen Kinder und Do Khyi miteinander auf.

Welpen spielen mitunter sehr grob. Ihre Zähne sind das einzige Instrument, Spielkameraden fest zu halten. Sie „beißen" nicht, sie halten nur. Der Welpe ist deshalb nicht „böse" und darf auch vom Kind gestoppt, aber nicht geschimpft werden.

Für das Kind gilt: Der Hund ist ein Spielkamerad, aber niemals ein Spielzeug!

Der Do Khyi wird die Kinder möglicherweise als „Welpen" im Rudel definieren. Ihnen gilt ganz besonderer Schutz. Er wurde und wird auch in Tibet beim Nomadenzelt zurück gelassen, um Kinder und alte Menschen zu bewachen, während die Erwachsenen unterwegs sind.

Die ersten Stunden zuhause

Zu diesem Zeitpunkt muss allen Familienmitgliedern klar sein, was der Hund künftig darf, was absolut nicht. Gemeinsame Spielregeln müssen erstellt werden, an die sich wirklich alle halten müssen. Ist das Sofa erlaubt oder ein Tabu, darf er in der Küche liegen oder ist sein Platz vor der Tür, wo ist sein Platz während der Mahlzeiten seiner Menschen, ... ?

Mit der Übersiedlung zu den neuen Besitzer_innen ändert sich schlagartig das gesamte Leben eines Welpen. Gerade in den ersten Stunden und Tagen sollte er nicht überfordert werden. Das Willkommensfest mit der Großfamilie, bei dem jede und jeder das süße Baby einmal streicheln will, ist völlig fehl am Platz. Gerade beim Do Khyi kann es passieren, dass er all diese fremden Menschen anknurrt.

Ohren und Lippen der menschlichen Spielkameraden sind besonders interessant.

Schon bevor das erste Mal die Wohnung oder das Haus betreten werden, sollte sich der Hund lösen. Wichtig ist, ihm dabei Zeit zu lassen. Ein Hund muss sich dabei absolut sicher fühlen.

Die erste große Aufgabe für die neuen Besitzer_innen ist, das Vertrauen des Hundes zu gewinnen. Besitzer_innen übernehmen die Rolle der Mutterhündin oder des gewohnten Rudels erwachsener Hunde. Der kleine Hund weiß instinktiv, dass er nur im Rudel vor den Gefahren der Welt sicher ist. Er darf daher zunächst auf keinen Fall alleine gelassen werden. Das gilt auch für das Nachtlager. Sicherheit gibt ein gebrauchtes Kleidungsstück der neuen Besitzer_innen, auf dem sich der Welpe zusammen rollen kann. Er hat damit den „Rudelduft" in seinem Bett.

Von Beginn an sollte sein Name so oft wie möglich in einem positiven Zusammenhang genannt werden. Er wird dabei nicht nur seinen Namen kennen lernen. Er

Welpen spielen sich müde und brauchen Schlaf.

wird gleichzeitig lernen, dass mit seinem Namen etwas Schönes verbunden ist.

Erst nach einigen Tagen sollten weitere Menschen den Welpen besuchen dürfen. Dabei ist darauf zu achten, dass der kleine Hund niemals plötzlich und womöglich von oben „angegriffen" wird. Der Hund kann das tatsächlich als „Angriff" erleben. Gerade der Do Khyi muss früh lernen, in welcher Form Besucher_innen erlaubt sind, wie er sich ihnen gegenüber zu verhalten hat.

Welpen schlafen enorm viel. Sie sollten nicht unnötig aufgeweckt werden. Plötzlicher Lärm zum Beispiel von Haushaltsgeräten sollten vermieden werden. Zumindest sollte der Welpe diese Geräusche bereits kennen und als „normal" eingestuft haben.

Umgekehrt ist es nicht notwendig, wegen eines schlafenden Welpen besonders leise zu sein. Die normalen Alltags- und Familiengeräusche geben ihm die Sicherheit, dass nichts Ungewöhnliches oder gar Gefährliches passiert.

Erziehung beginnt im Welpenalter

Zwischen Neugier und Angst

Jeder Welpe ist von Natur aus neugierig. Er sollte die Chance haben, seine neue Umgebung in seinem eigenen Tempo zu erforschen. Manche sind dabei ungestümer, andere vorsichtiger.

Bewegt er sich auf etwas zu oder irgendwo hin, wo er besser nicht sein sollte, wird er zu Beginn einfach nur abgelenkt.

Angst vor Unbekanntem ist der natürliche Gegenpol zur Neugier. Zuviel Neugier kann gefährlich sein, Angst vor Unbekanntem schützt davor. Allerdings ist der Do Khyi tendenziell ein sehr angstfreier Hund.

Reagiert ein Welpe einfach nur ein wenig unsicher, ist ihm die Reaktion seiner Menschen das Vorbild für sein eigenes Verhalten. Ignoriert ein Mensch zum Beispiel den Lärm der Autos, wird der Welpe das nachahmen.

Sollte der Welpe vor irgendetwas zurückschrecken oder sich gar ängstigen: Niemals trösten! Der Welpe versteht den Trost als Bestätigung seiner Angst. Richtig ist, sich mit dem Hund gemeinsam der „Gefahr" noch einmal langsam zu nähern. Sein Mensch geht voraus und findet alles „ganz toll". Der Welpe darf keinesfalls dazu gezwungen werden, mit zu kommen. Auch hier braucht er sein eigenes Tempo.

Zur Belohnung für Mut kann es ein Leckerli geben. Damit wird wieder eine positive Verknüpfung geschaffen.

Schon der Do Khyi Welpe bestimmt gerne selbst, was sinnvoll ist und was nicht. Wegen seiner hohen Intelligenz lernt er leicht und gerne Neues. Immer wiederkehrende Aufgaben langweilen ihn daher entsprechend schnell.

Manche Hunderassen haben einen ausgeprägten „will to please", den „Wunsch zu gefallen". Sie tun alles, um ihre Menschen glücklich zu machen. Dieses Verhalten ist dem Do Khyi eher fremd. Er freut sich über glückliche Menschen. Sein persönliches Glück, die Durchsetzung seines Willens auch gegen den Willen seiner Menschen sind ihm aber wichtiger.

Ihn zu erziehen erfordert daher viel Geduld und enorme Konsequenz und funktioniert spielerisch am besten. Jede „Erziehungsstunde" sollte dann abgebrochen werden, wenn sie der Welpe besonders spannend findet. Was ihn langweilt, wird er nicht gerne tun. Die ersten Übungen sollten nur fünf bis zehn Minuten dauern, um ihn nicht zu überfordern.

Sie hat den Unterschied zwischen Spielzeug und Schuhen längst gelernt.

Regeln klar definieren

Schon lange bevor der Welpe ins Haus kommt, sollte sich die gesamte Familie über die neuen Regeln des Zusammenlebens einig sein. Uneinigkeit führt zu unterschiedlichem Verhalten. Der Welpe wird nicht wissen, woran er sich orientieren soll und letztlich niemandem mehr folgen.

Je konsequenter Erziehung stattfindet und die Regeln eingehalten werden, desto leichter lernt der Hund. Inkonsequenz in der Welpenphase bedeutet Irritation für den Hund. Als erwachsener Do Khyi wird er aus Inkonsequenz schließen, dass er jedes Recht zur freien Entscheidung hat. Bei einem großen Schutzhund wie dem Do Khyi kann das mitunter sogar gefährlich werden.

Rüden brauchen oft länger, um sauber zu werden. Sie markieren instinktiv ihr Revier.

Zu dieser Konsequenz zählt auch, Abläufe zu bestimmen. Nicht der Hund bestimmt die Fütterungszeit, sondern sein Mensch. Gespielt wird dann, wenn sein Mensch Lust dazu hat. Das Spiel wird auch beendet, wenn sein Mensch findet, dass genug gespielt wurde oder das Spiel zu aggressiv wird. Nur auf diese Weise wird sich der Do Khyi in die Abläufe des neuen Zuhauses eingewöhnen und nicht einer gesamten Familie seine eigenen Bedürfnisse aufzwingen.

Stubenreinheit

Wenn ein Welpe zu seinen neuen Besitzer_innen übersiedelt, ist er meist noch nicht völlig in der Lage, seine Bedürfnisse zu kontrollieren. Der Drang kommt mitunter plötzlich und unerwartet. Absolute Stubenreinheit ist daher durch Züchter_innen nicht erreichbar. Welpen sind wie kleine Kinder: Wenn das Spiel viel Spaß macht, wird das eigene Bedürfnis übersehen.

Stubenrein werden Welpen relativ leicht, wenn einige Maßnahmen konsequent durchgeführt werden:

- Ein so genannter Versäuberungsplatz im Freien wird festgelegt, an dem der Welpe sein Geschäft erledigen soll.

- In einem Rhythmus von etwa zwei Stunden sollte tagsüber in jedem Fall der Versäuberungsplatz aufgesucht werden.

- Wird der Welpe unruhig, ist er „innerlich" plötzlich vom Spiel abgelenkt: Sofort auf den Versäuberungsplatz tragen. Er wird seine neuen Besitzer_innen nicht schmutzig machen wollen. Wer ihn selbst laufen lässt, riskiert eine Pfütze auf halbem Weg.

- Wenn der Welpe aufwacht, nach der Fütterung, nach einer ausgiebigen Spielrunde: ab zum Versäuberungsplatz.

- Als Abschluss eines jeden Spaziergangs sollte der

Versäuberungsplatz aufgesucht werden. Womöglich war der Spaziergang so spannend oder aufregend, dass das eigentliche Bedürfnis dabei untergegangen ist.

- Während der Nacht sollte der Welpe in einer Hundebox oder einem Korb schlafen. Kein gut sozialisierter Welpe wird seinen Schlafplatz schmutzig machen. Er wird sich bemerkbar machen, wenn er ein Geschäft erledigen muss.

Sobald ein Welpe am dafür vorgesehenen Platz sein Geschäft erledigt hat: loben!

Loben, loben, loben ... aber richtig!

Hunde lernen durch Verknüpfung. Wenn X geschieht, passiert folglich immer Y und das löst jeweils ein bestimmtes Gefühl aus. Als Beispiel: Der Mensch öffnet eine bestimmte Schublade, folglich bekommt der Hund ein Leckerchen und das tut gut.

Ein positives Gefühl muss nicht zwangsläufig über Leckerchen herbeigeführt werden. Eine Runde spielen, kraulen und streicheln: Auch das ist Lob. Selbst um den Hund herum zu hüpfen, begeistert zu jubeln: Der Hund wird auch begeistert sein, weil sich die Stimmung des Menschen auf seinen Hund überträgt.

In manchen Situationen geschieht „Lob" aus dem Blickwinkel der Hunde, ohne dass seine Menschen das bewusst herbei geführt haben. Postbote kommt, Hund bellt, Postbote flüchtet. Für den Hund ist das ein deutlicher Sieg: Er hat einen Fremden vertrieben. Das ist gerade dem Do Khyi „Lob" genug. Damit er sich nicht zum Kläffer entwickelt, muss sein Mensch durch eine andere Aufgabe gegensteuern.

Ein Mensch kann seinen Hund kaum zu viel loben. Ein sehr häufiger Fehler bei der Erziehung von Hunden ist es, Welpen von unerwünschtem Verhalten durch Signale abzulenken, die sonst als Belohnung dienen. Wer seinen bellenden Hund vom Postboten mit einem Leckerchen ablenken will, lobt ihn zusätzlich. Die Situation wird schlimmer statt besser. Deshalb muss der Hund durch eine andere Aufgabe abgelenkt werden, und sei es durch ein einfaches Platz-Kommando. Dafür kann er gelobt werden. Der Hund wird lernen, dass er ruhig auf seinem Platz liegen soll, wenn der Postbote kommt.

Durch sein Verhalten löst jeder Welpe Reaktionen in seiner Umwelt aus. Entsprechen die Reaktionen seinem Wunsch, „lobt" er sich sozusagen selbst. Er lernt auf diese Weise, welches Verhalten notwendig ist, um zu bekommen, was er will.

Spielen ist soziales Lob.

Schwierig ist die Reaktion auf unerwünschtes Verhalten jeglicher Form. Einerseits darf der Welpe nicht in Gefahr geraten und sollte nichts zerstören. Andererseits kann es durchaus dem Wunsch des Hundes entsprechen, Aufmerksamkeit seiner Menschen auszulösen. Eine Möglichkeit, unerwünschtes Verhalten zu korrigieren, besteht darin, es einfach zu ignorieren. Der Hund wird eine neue Strategie entwickeln, die womöglich besser dem Wunsch seiner Menschen entspricht.

Das Wichtigste zuerst: „Komm" und „Nein"

Beide Kommandos sind wichtig für die Sicherheit des Hundes. Er muss jegliche Handlung sofort unterlassen, die ihn in irgend eine Gefahr bringt.

Er muss aus jeder Situation „abrufbar" sein. Egal, wohin der Welpe galoppiert, mit wem er spielt: Auf „Komm" muss er umdrehen und zurück kehren.

Für Besitzer_innen bedeutet dies, dass sie spannender sein müssen als der Rest der Welt. Wann immer der Welpe auf „Komm" reagiert, muss es dafür ein extragroßes Lob, ein besonders schmackhaftes Leckerli oder ein extrem spannendes Spiel geben.

Die häufigsten Fehler: Sehr schnell lernen Hunde, dass manche Besitzer_innen „Komm" nicht ganz so ernst meinen: Sie wiederholen es ja immer und immer wieder. Wozu also auf das erste Mal schon reagieren? Manchmal ist es aus Hundesicht besser, dieses Kommando völlig zu ignorieren, weil es letztlich doch keine Belohnung, sondern Strafe gibt.

Daher sind die folgenden Aspekte beim Training besonders wichtig:

- Der Welpe wird zunächst nur dann gerufen, wenn seine Aufmerksamkeit ohnehin bei seinem Menschen ist. Erst wenn das Kommando wirklich sitzt, kann es unter Ablenkung trainiert werden.

- Jede Wiederholung eines Kommandos macht es unwichtiger. Ist der Hund abgelenkt, wird er zunächst mit seinem Namen gerufen. Erst bei Aufmerksamkeit erfolgt das Kommando.

- Kommt ein Hund erst mit einiger Verzögerung, darf er nicht „bestraft" werden. Der Lerneffekt geht in die falsche Richtung: Der Hund wird auf „Komm!" möglichst gar nicht mehr kommen, um Strafe aus dem Weg zu gehen.

Ebenso wichtig ist „Nein!". Der Welpe kaut genüsslich an einer Zimmerpflanze: Der Durchfall ist absehbar. Er findet den Geschmack von Schuhen großartig: Gäste werden nicht sehr erfreut sein. Er zerbeißt eine Plastikflasche: Kleine scharfkantige Teile können die Magen– oder Darmwand schädigen.

So funktioniert „Nein" rasch und problemlos:

- Die Situation wird sofort beendet. Der Schuh (die Plastikflasche) wird weg genommen und außer Reichweite gelegt. Der Welpe wird von der Zimmerpflanze weg getragen.
- Dem Hund wird eine „Ersatzhandlung" angeboten. Durch die Ablenkung sollte er so schnell wie möglich vergessen, was eben noch so spannend war.

Bis ein Do Khyi aus so viel Spaß abrufbar ist, kann es dauern ...

Dazu gehört natürlich, ein deutliches „Nein" auch auszusprechen.

„Nein" ist ein Abbruchsignal, keine Handlungsaufforderung. Setzt er sich auf das Kommando „Steh!" hin, ist „Nein" sinnlos. Er benötigt erneut ein „Steh!".

Spielzeug und Kauartikel

Der Hundebedarfshandel bietet eine unendliche Auswahl an Spielsachen. Es bringt aber nichts, diese Unendlichkeit jedem Welpen zur Verfügung zu stellen. Eine kleine Menge Spielsachen, immer wieder ausgetauscht , erhält den Spaß daran.

Jeder Welpe wird an seinen Spielsachen herumnagen

Spätestens im Zahnwechsel wird alles, wirklich alles angeknabbert.

- gleichgültig, ob sie dafür gedacht sind. Es darf daher an Spielzeug nicht sein, was verschluckt zu einer Gefahr werden könnte.

Plüschtiere haben oft unverdauliches Füllmaterial oder Plastikaugen, die vortrefflich abzunagen sind.

Vor allem im Zahnwechsel kauen Hunde an allem herum, was sie finden können. Eine ganz einfache Unterstützung: tief gekühlte Karotten. Die Temperatur beruhigt das möglicherweise angeschwollene Zahnfleisch, verschluckte Karottenteilchen sind sogar noch gesund.

Holzstöckchen als Wurfgeschoß können schlimme Wunden in Hals und Rachen verursachen. Die Ummantelung von Tennisbällen hat im Hundemagen auch nichts verloren - schon gar nicht ganze Bälle. Ein altes Baumwoll-T-Shirt zu einem Zopf geflochten tut's auch und ist ungefährlich.

Nasenspiele, Suchspiele: Es gibt eine Vielzahl von Literatur zu diesem Thema. Diese Spiele sind für intelligente Hunde wie Do Khyi perfekt. Ein ganz einfaches Spiel: Ein Leckerli auf ein Tuch legen, dieses Tuch unter einen Schrank legen. Der Hund muss seine Pfoten oder seine Zähne benutzen, um das Tuch und damit das Leckerli zu erreichen. Allerdings ist auch hier Abwechslung notwendig. Ein Do Khyi verzichtet eher auf ein weiteres Leckerli als sich zu langweilen.

Wer Spielsachen im Zoofachhandel kauft, sollte unbedingt auf Qualität achten.

Leine, Maulkorb und Box

Alle drei Utensilien dienen der Sicherheit des Hundes. In einigen Städten und Gemeinden herrscht in manchen Situationen oder Bereichen Maulkorb– und/oder

Leinenpflicht.

Welpen von verantwortungsvollen Züchter_innen sind meist schon an ein Halsband gewöhnt. Ob Halsband oder Brustgeschirr gesünder ist: Darüber wird viel diskutiert.

- Das Halsband ist dann ein Problem, wenn ein Hund regelmäßig „in die Leine läuft" und ein entsprechender Ruck entsteht. Für einen Hund, der gut und frei an der Leine geht, ist es unproblematisch.

- Ein Brustgeschirr kann gravierende Probleme im Schulter– und Ellbogengelenk auslösen. Diese Gefahr besteht nicht, wenn es exakt angepasst ist.

Es ist in jedem Fall notwendig, dem Hund „Leinenführigkeit" beizubringen. Eine Leine ist nicht dazu gedacht, den Hund an seinem Menschen zu fixieren oder ihn von eigenständigen Erkundungen abzuhalten. Eine Leine ist ein sensibles Führungsinstrument, das ihn nur im Notfall daran hindern soll, eigene Wege zu gehen.

Auch Leinenführigkeit kann spielerisch erlernt werden:

- Tempowechsel mit dem jeweiligen Kommando dazu. Das reicht von „gaaaanz

Mit „Schleppleine" sicher unterwegs.

laangsaam" über ein ordentliches „Fuß" bis hin zum „Galopp" oder „Sprint".

- Richtungswechsel mit „links", „rechts" und „retour".

Durch diese Spiele bleibt die Aufmerksamkeit des Hundes bei seinem Menschen. Es ist wichtig, diese Kommandos rechtzeitig zu geben. Der Hund braucht ein paar Sekunden, um das Kommando zu verarbeiten. Erst dann kann er es ausführen.

Sobald der Hund beginnt an der Leine zu ziehen, ist offenbar irgend etwas interessanter als sein Mensch. Der Hund muss abgelenkt werden. Eine Möglichkeit ist, vom Hund ein „Sitz" zu verlangen. Folgt er, wird er entsprechend belohnt.

Eine Flexileine ist für den Do Khyi absolut ungeeignet. Damit kann er im Notfall niemals gehalten werden. Wer den Hund beim Spaziergang nicht frei laufen lassen will oder darf, sollte eher eine Schleppleine verwenden. Das sind Leder– oder Kunststoffleinen, die wesentlich mehr Zugkraft aushalten und wesentlich besser in der Hand gehalten werden können.

Wichtig ist, die Leine niemals um das Handgelenk zu wickeln. Bricht ein erwachsener Do Khyi doch einmal aus, liegt sein Mensch womöglich am Boden. Aus dieser Position ist ein Eingreifen aber nicht mehr möglich.

Ein Maulkorb ist wichtig, wenn der Hund viel in einer Stadt unterwegs ist. In öffentlichen Verkehrsmitteln ist der Maulkorb meist vorgeschrieben. Er schützt „Allesfresser" davor, unterwegs Müll zu vertilgen. Manchmal ist es auch beim Tierarzt ratsam, dem Hund einen Maulkorb anzulegen.

Auch an den Maulkorb muss sich der Welpe frühzeitig gewöhnen. Der Maulkorb sitzt dann wirklich gut, wenn der Hund trotzdem problemlos hecheln und eventuell Wasser trinken kann.

Eine stabile Box ist von Vorteil, wenn der Hund oft im Auto transportiert wird. Der Hund muss jedenfalls so gesichert sein, dass er niemals zu einer Gefahr wird. Für Haltegurte sind Do Kyhi eher zu schwer.

Die Box ist auch notwendig, wenn der Hund auf Ausstellungen gezeigt werden soll. Die meisten Hunde akzeptieren ihre Box sehr problemlos, wenn sie sie schon als Welpe als angenehmen Schlafplatz und Rückzugsmöglichkeit kennen gelernt haben. Es ist nur notwendig, die Box in der Wohnung offen aufzustellen und gemütlich einzurichten.

Bellen: Wie viel ist erwünscht?

Knurren und Bellen eines Do Khyi sind ebenso beeindruckend wie sein Äußeres. Es ist tief und laut, scheinbar ohne jede Anstrengung.

Der Do Khyi ist als Schutzhund zunächst kein Kläffer, der jede Kleinigkeit verbellen muss. Allerdings kann er vor allem in den Nachtstunden im Freien durchaus dazu neigen, durch regelmäßiges Bellen seine Umgebung zu warnen: Achtung, hier beginnt mein Revier.

Nähert sich ein ungebetener Gast dem Revier, wird der Do Khyi zunächst einfach aufstehen, aber ohor nicht in wütendes Bellen ausbrechen. Der Do Khyi hat die Aufgabe, dieses Problem selbst zu lösen anstatt irgend jemanden zu alarmieren. Bewegt sich der Eindringling weiter auf den Hund zu, senkt dieser seinen Kopf, die Rute wird höher gestellt. Ein erstes Knurren, eventuell ein Beller ertönen. Spätestens jetzt sollte jeder Eindringling langsam den Rückzug antreten.

Der Welpe orientiert sich an seinem Rudel. Wird allgemein viel gebellt, wird er dieses Verhalten übernehmen. Menschen sind Teil des Rudels.

Ein klassischer Fehler der Menschen, die ihre Hunde vom Bellen abhalten wollen: Sie bellen mit. Für Menschen klingt das so: „Wirst Du jetzt endlich ruhig sein! Hör mit dem Gekläffe auf! Jetzt ist es aber wirklich genug!". Der Hund hört nur, dass der Mensch auch bellt. Für ihn ist das die Bestätigung, dass in der konkreten Situation möglichst viel und möglichst laut bellen genau richtig ist. Er bellt weiter.

Richtig ist, Bellen durch ein einziges Wort zu beenden. Bellt der Hund weiter, wird ihm sanft die Hand auf Schnauze gelegt. Anstelle zusätzlicher lauter Kommandos kann mit dem Hund ganz leise gesprochen,

Mit seiner tiefen Stimme warnt er immer wieder potentielle Feinde, die kilometerweit weg auf der tibetischen Hochebene sein könnten.

vielleicht sogar geflüstert werden. Auch hier ist Training notwendig: Ist der Hund tatsächlich ruhig, wird er belohnt.

Viel einfacher ist, Hunden bellen anzugewöhnen. Sein Mensch muss am Anfang nur mitbellen und lautes Bellen des Hundes entsprechend belohnen. Wer das noch mit einem entsprechenden Kommando („Gib Laut!") verbindet, kann seinem Hund Bellen wie jedes andere Kunststück beibringen. Auf diese Weise lernen manche Hunde nur dann zu bellen, wenn sie dazu aufgefordert werden.

Alleine bleiben lernen

Hunde sind Rudeltiere. Sie bleiben von Natur aus nur höchst ungern alleine. Je jünger ein Hund ist, desto überlebensnotwendiger ist sein Rudel, das Schutz vor Feinden bietet.

Ein Welpe darf erst dann alleine gelassen werden, wenn er sich in seiner Umgebung absolut sicher fühlt. Er wird vermutlich in den erste Tagen und Wochen selbst innerhalb der eigenen vier Wände seinen Menschen von einem Zimmer zum nächsten folgen.

Erst nach dieser Phase kann der Junghund langsam trainiert werden. Die Wohnung wird zunächst nur für wenige Minuten verlassen, der Zeitrahmen langsam ausgedehnt.

Die Rückkehr erfolgt ebenso selbstverständlich, als wäre der Menschen eben nur im Nachbarraum gewesen.

Es wird viel diskutiert, ob Menschen auf die freudige Begrüßung reagieren sollen. Einerseits kann das den „nur im Nebenzimmer"-Effekt zerstören. Andererseits schütten Hunde bei freudiger Begrüßung auch viele Glückshormone aus. Schon fünf Wochen alte Welpen begrüßen wedelnd und fiepsend am Morgen die Menschen, die sie aufziehen.

Komplett ignoriert werden sollte das „Freudenlackerl". Im Jubel über die Rückkehr des Menschen kann es Junghunden immer wieder passieren, dass die Blase nicht ganz dicht bleibt. Dieses Problem gibt sich normalerweise mit zunehmendem Alter ganz allein.

Die Welpenschule

Richtiges Verhalten gegenüber fremden Hunden lernen Hunde nur unter Hunden. Seinen Menschen immer am spannendsten zu finden: Dazu brauchen Hunde Ablenkung, auch durch Hunde. Darum geht es in erster Linie in der Welpenschule, dem Kindergarten für Hunde.

Jeder Hund lebt am liebsten im Rudel.

Die Hunde lernen die Sprache fremder Hunde. In einem guten Kurs lernen sie auch die Sprache ihrer Besitzer_innen. Und umgekehrt: Menschen lernen, ihren eigenen Hund besser zu verstehen. Die Bindung zwischen dem Hund und seinem Menschen wird verstärkt.

Die „Unterordnung" ist dabei eher noch Nebensache. Die Sozialisierung steht im Vordergrund. Aus verspielten Welpen sollen gesellschaftsfähige Mitglieder der Gemeinschaft werden.

Bei der Wahl der Hundeschule sollte nicht die Distanz zum Wohnort ausschlaggebend sein. Nicht jedes Hund-Mensch-Team passt in jede Hundeschule.

Einige Tipps:

- Das Clubhaus ist die Visitenkarte der Hundeschule. Fühlt sich Mensch dort wohl, wird sich auch Hund dort wohl fühlen.

- Der Umgangston der Menschen unter einander lässt oft auf den Erziehungsstil schließen.

- Eine kostenlose Schnupperstunde sollte möglich sein. Erst ausprobieren, dann entscheiden! Unbedingt prüfen, welche Angebote die Schule bietet.

Gute Welpenkurse zeichnen sich durch folgende Qualitätsmerkmale aus:

- Die Hunde passen in Größe und Alter zusammen, wobei auch gut sozialisierte erwachsene Hunde dabei sind. Nur so lernen Welpen, sich älteren Hunden gegenüber richtig zu benehmen.

- Die Gruppengrößen sind klein.

- Übungseinheiten für Sitz, Platz und Komm sind

kurz, dazwischen ist viel Zeit zum Spielen.

- Die Übungen beschränken sich nicht auf den Platz am Gelände der Schule. Der Hund sollte letztendlich überall folgen. Daher werden Ausflüge unternommen.
- Das Training geht individuell auf die Bedürfnisse von Menschen und die Charaktere der einzelnen Hunde ein. Es gibt Hunde, die lieber mitten im Trubel sind. Andere halten sich zurück, lernen aber durch Beobachtung genauso viel.
- Mobbing unter Welpen wird unterbunden.

Die Welpenschule allein wird nicht die gesamte Erziehungsarbeit leisten können. Es ist notwendig, zuhause trotzdem konsequent zu sein und immer wieder zu üben.

Welpen lernen von erwachsenen Hunden.

Futter, Pflege und Gesundheit

Die Wahl des Futters

Gute Züchter_innen lassen keinen Welpen zu neuen Menschen abreisen ohne ein Blatt mit Futterempfehlungen und den Rationen für die ersten Tage. Der Welpe braucht noch drei Mahlzeiten täglich. Ab fünf bis sechs Monaten wird die Mittagsmahlzeit gestrichen. Etwa ab dem neunten Lebensmonat wird auf eine einzige Tagesmahlzeit oder auf zwei geringere Portionen reduziert.

Der Do Khyi ist ein sehr genügsamer Hund. In Tibet selbst werden die Hunde alles andere als „hochwertig" nach unseren Begriffen ernährt. Viele wirken eher unterernährt. Übergewichtige Hunde sind die seltene Ausnahme. Sie bekommen kaum Fleisch, stattdessen *Tsampa*. Das ist ein Brei aus geröstetem Gerstenmehl. Entsprechend empfindlich können tibetische Hunde auf zu viel tierisches Eiweiß reagieren.

Die Futtermittelindustrie stellt eine Vielzahl unterschiedlicher Produkte zur Verfügung. Ihre Qualität ist

Welpen lernen unterschiedliches Futter kennen.

zum Teil sehr hoch - oft zu hoch und zu proteinhältig für einen Do Khyi. Ein Übermaß an Eiweiß kann Ekzeme auslösen.

Immer mehr Menschen stellen das Futter selbst zusammen. „Barf" ist die „biologisch artgerechte Rohfütterung". Sie besteht zu einem Teil aus hochwertigem Fleisch, zum größeren Teil aus Gemüse, Obst und Zusatzstoffen wie Ölen.

Beide Futtermöglichkeiten haben Vor- und Nachteile. Zum Fertigfutter:

- Es ist äußerst praktisch, das Fertigfutter aus dem Schrank zu nehmen. Es ist lange haltbar und kann auf Reisen gut mitgenommen werden.
- Bei Trockenfutter benötigen die Hunde sehr viel Wasser.
- Wer Dosenfutter verwendet, muss verstärkt auf Zahnpflege achten.
- Die Mengenangaben bei Fertigfutter sind Durchschnittswerte, die den Lebensstil und das Temperament des einzelnen Hundes nicht berücksichtigen können.

Zur Rohfütterung:

- Mit Rohfütterung können die Inhaltsstoffe exakt auf den Aktivitätsgrad und die Bedürfnisse eines Hundes angepasst werden.

Fertigfutter oder „Barf": Beides hat Vor- und Nachteile.

- Die Rohfütterung wirkt anfangs ein wenig kompliziert, um die Ausgewogenheit der Ernährung zu gewährleisten. Die Apothekerwaage für die grammgenaue Zubereitung ist aber nicht notwendig.
- Der Umgang mit viel rohem Fleisch ist manchen Menschen unangenehm.
- Es ist viel Arbeit, täglich auch Gemüse zu pürieren.

Hunde lieben Knochen. Sie dürfen aber niemals gekocht werden, weil sie dann splittern und den Hund ernsthaft verletzen können. Auch Hühnerknochen können roh verfüttert werden. Ein halbes Huhn als Hauptmahlzeit: Der Do Khyi wird es lieben.

Bei der täglichen Futtermenge müssen die Leckerlis unbedingt berücksichtigt werden. Es gibt zu viele dicke Hunde, die scheinbar nur wenig Futter bekommen, aber tagsüber zu oft mit Futter belohnt werden.

Manche tibetischen Hunde sind wählerisch. Oft ist jede andere Beschäftigung als fressen viel spannender. Wenn ein Hund nicht fressen will, sollte das Futter unbedingt weggeräumt werden. Ein Hund, der ständig Zugang zu einer vollen Schüssel hat, kann sein natürliches Gefühl für Hunger verlieren. Ein Trost für ganz besorgte Menschen: Noch ist kein Hund freiwillig verhungert.

Es gibt eine Vielzahl von Fachliteratur zur Fütterung von Hunden. Auch das Internet bietet eine Menge an Information. Wer sich einlesen will, sollte die Glaubwürdigkeit der Literatur genau überprüfen. Manche Barf-Bücher zeichnet beinahe missionarischer Eifer aus.

Die Pflege des Haarkleids

Der Do Khyi ist ein pflegeleichter Hund. Sein Haarkleid muss lediglich gebürstet, aber nicht getrimmt werden. Ein Bad ist nur dann notwendig, wenn er tatsächlich schmutzig ist.

An die Pflegeprozedur sollte jeder Hund schon als Welpe gewöhnt werden. Dabei ist es nicht notwendig, den Hund vom ersten Tag an immer komplett durchzubürsten. Es genügt, an einem Tag den Rücken, am nächsten Tag den Bauch, am dritten Tag eine Vorderpfote zu pflegen. Erst nach und nach wird die Pflege auf den gesamten Körper ausgeweitet. Im Anschluss gibt es selbstverständlich eine Riesenportion Lob.

Einmal pro Woche bürsten genügt beim erwachsenen Do Khyi völlig. Tote Unterwolle muss gründlich entfernt werden, damit das Haar gut durchlüftet werden kann und die Haut gesund bleibt.

Derselbe junge Rüde mit vollem Winterfell (oben) und ausgekämmt. (unten)

Die längeren Haarpartien in der Mähne, an der Rute und an den

Hosen (die Rückseite der Hinterbeine) werden anschließend mit einem grobzinkigen Kamm von Knoten befreit. Größere Knoten werden zuerst mit den Fingerspitzen auseinander gezogen. Etwas Talkumpuder ist dabei hilfreich.

Der Do Khyi verliert im Frühjahr seine dichte Unterwolle. Entsprechend viel muss er gebürstet werden, wälzt er sich im Gras. Der Staubsauger wird im Dauerbetrieb sein. Die Vögel im Garten freuen sich über warmes Nistmaterial.

Für das Bad bietet der Markt eine Vielzahl an Shampoos und Conditioner. Shampoo für Menschen ist für den Hund ungeeignet, da Haarstruktur und Haut völlig unterschiedlich sind.

Der sparsamste und zugleich effizienteste Umgang mit den teuren Spezialprodukten: Ein Esslöffel voll Shampoo wird in eine Schüssel voll warmem Wasser gegeben und gut gemischt. Mit einem Badeschwamm wird diese Mischung auf den trockenen Hund verteilt. Auf diese Weise wird das Shampoo sparsam und gleichmäßig auf den gesamten Körper verteilt. Aufschäumen, einwirken lassen, gründlich ausspülen: fertig.

Unterwolle wird ausgekämmt.

Mit einem Handtuch wird das Haar ausgedrückt, aber niemals gerubbelt: Das verursacht Knoten im Haar.

Ein Haarföhn kann für einen Welpen ein „gefährliches Ding"

sein. Er macht Lärm und bläst heiße Luft. Es ist einfach, den Welpen daran zu gewöhnen: Den Föhn einschalten, auf eine angenehme Temperatur stellen und auf den Boden legen. Die natürliche Neugier des Hundes wird dafür sorgen, dass er sich schon bald mit dem Gegenstand, dem Lärm und dem Luftstrom anfreundet.

Für einen großen Hund wie den Do Khyi ist ein normaler Haarföhn eher zu schwach. Wer seinen Hund oft auf Ausstellungen bringen will oder mehrere große Hunde besitzt, findet im Fachhandel so genannte „Blower". Das sind Hochleistungsföhne, mit denen auch die üppige Mähne eines erwachsenen Do Khyi relativ rasch trocken wird.

Der Do Khyi braucht kein regelmäßiges Bad zur Pflege. Er muss nur dann gebadet werden, wenn er tatsächlich schmutzig ist. Ein regelmäßig gut gebürsteter Do Khyi muss nicht einmal für eine Ausstellung unbedingt gebadet werden.

Basis für ein glänzendes Fell sind gesunde Ernährung, frische Luft und Bewegung.

Ohren reinigen

Der äußere Gehörgang wird einfach mit einem feuchten Tuch ausgewischt. Im Zoofachhandel und in Apotheken gibt es eigene Tinkturen, die ins Ohr geträufelt werden. Der Hund schüttelt die Tinktur samt Verunreinigungen aus.

Die Ohren sollten niemals mit Wattestäbchen gereinigt werden. Damit werden feine Härchen tiefer in den Gehörgang geschoben, Infektionen können die Folge sein. Auch die Gefahr der Verletzung des Trommelfells durch das Wattestäbchen ist groß.

Pfoten und Krallen

Zwischen den Pfotenballen wachsen Haare, die mitunter sehr lang werden. Darin können sich im Winter Eisklumpen, im Sommer kleine Steinchen verfangen. Die Haare verfilzen und drücken die Ballen auseinander.

Um das zu verhindern, werden diese Haare regelmäßig geschnitten. Es ist nicht notwendig, eine Art Kahlrasur zwischen den Pfoten zu machen. Es genügt, die Haare bei geschlossenen Pfoten abzuschneiden.

Ob und wie stark die Krallen abgewetzt werden, hängt davon ab, auf welchem Untergrund sich der Hund vorwiegend bewegt. Asphalt wirkt wie eine Feile. Landhunde, die überwiegend auf Wiesen herumlaufen, bekommen

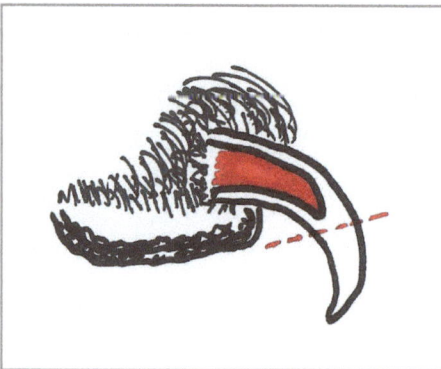

Zu lange Krallen vor dem Ende des Blutgefäßes schneiden oder feilen.

sehr lange Krallen. Sie müssen regelmäßig geschnitten oder abgefeilt werden.

Die Krallen sind zu lang, wenn sie im Stand hoch gedrückt werden. Zu erkennen ist es auch, wenn die Pfote völlig entspannt ist und die Krallen über die Ebene der Pfotenballen hinaus reichen. Zu lange Krallen sind auch auf glatten Böden zu hören: Es klingt, als hätten die Hunde Stöckelschuhe an.

Bei Hunden mit hellen Krallen ist der Schnitt völlig problemlos: Das Ende der Blutzufuhr ist gut erkennbar. Bei dunklen Krallen ist das nicht möglich. Falls doch dieser Kanal verletzt wird: Einfach die Blutung stillen, aber auf keinen Fall selbst erschreckt oder gar panisch reagieren.

Kein Hund mag es, wenn die Krallen geschnitten werden. Auch hier ist es notwendig, den Welpen schon daran zu gewöhnen.

Zähne putzen

Ob und wie stark sich Zahnstein bildet, hängt stark vom Futter ab, aber auch Veranlagung spielt eine Rolle. Roh gefütterte Hunde, die größere Fleischstücke oder Knochen bekommen, haben eher weniger Zahnstein. Bei Dosenfutter benötigt ein Hund seine Zähne nicht, Zahnstein bildet sich schneller.

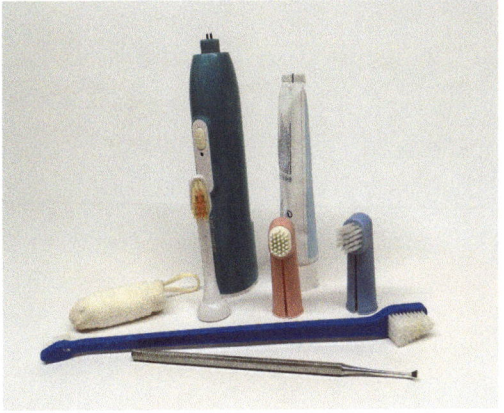

Ultraschall-Bürste, Fingerlinge, Schaber: Utensilien zur Zahnpflege

Hunde kauen ihr Futter nicht, sie schlingen es hinunter. Damit die Zähne auf natürlichem Weg von Zahnstein gereinigt werden, brauchen sie große Fleischstücke, Knochen oder Kaustangen, die sie erst zerkleinern müssen. Im Handel gibt es bereits eigens für diesen Zweck hergestellte Produkte. Denselben Effekt haben aber auch getrocknetes Fleisch (Pansen, Lunge, Geflügel, ...), ein Stück hartes Brot oder eine Karotte.

Zu viel Zahnstein verursacht Entzündungen der Schleimhäute und üblen Geruch. Er muss in der Tierklinik entfernt werden, wobei die meisten Hunde dafür narkotisiert werden müssen. Entzündungen des Zahnfleisches gefährden die gesamte Gesundheit des Hundes.

Dieser junge Rüde wird wohl nie einen Tierarzt kennen lernen ...

Für die Zahnreinigung gibt es unterschiedliche spezielle Zahnbürsten. Mittlerweile sind auch Ultraschall-Zahnbürsten am Markt. Um dem Welpen diese Prozedur im wahrsten Wortsinn „schmackhaft" zu machen, gibt es eigene Zahnpasten zum Beispiel mit Hühnergeschmack.

Gesundheitsvorsorge

Do Khyi sind normalerweise sehr gesunde und robuste Hunde. Ausgewogenes Futter, gute Pflege und genügend Bewegung an der frischen Luft sind die beste Vorsorge.

Auch der robusteste Hund kann krank werden: Ohren— oder Augenentzündungen, Husten, Durchfall. Verletzungen sind immer möglich.

Vieles ist mit alten Hausmitteln behandelbar. Dabei ist aber ein wenig Vorsicht geboten: Manche Kräuter wirken auf den Körper des Hundes anders als beim Menschen. Werden Symptome nicht deutlich besser, ist auf jeden Fall ein Besuch in einer Tierklinik notwendig.

Alternative Heilmethoden wie Homöopathie beginnen sich auch bei den Hunden durchzusetzen. Wie in der Humanmedizin gibt es auch in der Veterinärmedizin gut ausgebildete Spezialist_innen.

Der jährliche Tierarztbesuch bleibt auch dem gesündesten Hund und seinen Menschen nicht erspart. Ein Welpe lernt schon im Alter von etwa acht Wochen eine Tierklinik kennen, sobald die ersten Impfungen fällig sind und der Chip an der linken Halsseite eingesetzt wird. Vier Wochen darauf ist eine Auffrischungsimpfung notwendig. Ab diesem Zeitpunkt werden die meisten Impfungen jährlich aufgefrischt.

Gegen Tollwut sollte kein Hund unter sechs Monaten geimpft werden. Auch später ist es nur notwendig, wenn der Hund auf Reisen die Nationalgrenzen überschreitet. Mittlerweile gibt es Impfstoffe, die nur alle drei Jahre aufgefrischt werden müssen.

Für und wider: Kastration

Aus den USA kommt ein Trend, der sich leider auch in Europa immer stärker durchsetzt: Hunde werden bereits im frühen Welpenalter kastriert. Das führt dazu, dass der Hund weder körperlich noch psychisch jemals erwachsen werden kann, weil der Hormonhaushalt zerstört ist. Bei einem so großen Hund wie dem Do Khyi kann das fatal sein: Er benimmt sich ausgewachsen immer noch wie ein Welpe und ist entsprechend schwer zu kontrollieren.

Eine Kastration im Erwachsenenalter dient in den überwiegenden Fällen nur der Bequemlichkeit der Menschen.

Bei Do Khyi Hündinnen ersparen sich die Menschen eine etwa dreiwöchige Läufigkeit pro Jahr - das allerdings lebenslang. Eine Art von Menopause gibt es beim Hund nicht. Ein häufiges Argument für die Kastration ist die Vorbeugung von Krebsformen. Auch das ist umstritten: Niemand kann voraussagen, ob die jeweilige Hündin überhaupt gefährdet ist. Bei Do Khyi Hündinnen ist das äußerst selten.

Ob sich das (unerwünscht starke oder aggressive) Verhalten eines Rüden nachhaltig verändert, kann niemals sicher vorhergesagt werden. Es ist oft eher das Ergebnis von Erziehung als von Hormonen. Es gibt Rüden, die zum Decken eingesetzt und im höheren Alter kastriert wurden, dennoch aber weiter Hündinnen decken können (und wollen).

Kastrationen sind nur bei medizinischen Gründen wirklich notwendig: hochgradige Gebärmutterentzündung oder –vorfall bei der Hündin; Hoden, die im Bauchraum bleiben und nicht in den Hodensack wandern.

Ein Do Khyi braucht drei bis vier Jahre, bis er körperlich und psychisch ausgereift ist. Eine Kastration kann diesen Prozess frühzeitig beenden.

Mehr als ein Wächter: Fans berichten

Mit Do Khyis nach Kreta: ein kleines Abenteuer

Heinz Nöth

Wir sind vor vielen Jahren dem Charme Kretas erlegen. Dabei haben wir uns auch noch einen Virus eingefangen, der sich Do Khyi nennt.

Kreta war und ist für uns immer noch Reiseziel Nummer eins, da wir das Glück haben in einem kleinen Haus direkt am Meer unseren Urlaub verbringen zu dürfen. Da wir sonst immer einen günstigen Flug buchten und nach Bedarf einen Mietwagen orderten, hat sich die Welt nach dem Einzug unseres Mädchens Bhai-ra vollkommen geändert.

Wir standen vor dem Problem Hund und Flugzeug, Betäubung und besonders in dieser Größenordnung. Da ich früher schon mit meinen Motorrad nach Kreta gefahren war, wurde die Idee geboren mit dem Auto zu fahren. Meine Frau Bettina hielt mich gleich für total übergeschnappt. Aber nach genauer Erläuterung der Strecke und mithilfe meines alten Fotoalbums vom Motorradtrip war der Reiz doch größer. Also wurde alles genau geplant und in trockene Tücher gebracht. Hundi geimpft, was vorgeschrieben ist, EU-Heimtierausweis besorgt.

Mitte August ging es dann wirklich los, lange entgegen gefiebert. Die Fahrt von uns zu Hause nach Ancona verlief recht ruhig, da wir abends los fuhren und es ein Nachtexpress wurde.

Heinz fährt und der Rest schläft: Dies nennt sich Arbeitsteilung. Bis meine Mitfahrer ausgeschlafen hatten, waren wir schon ziemlich weit unten in Italien. Ancona

Hafen war einfach: ankommen, einchecken und einen schönen schattigen Platz unter der Autobahnbrücke im Hafen beziehen, wo wir auf die Abfahrt warteten. Die Zeit genutzt und Hundi versorgt. Sogleich unsere Petkabine bezogen und schon kann der Urlaub an fangen. Das Bötchen war richtig groß, soviel Möglichkeiten etwas zu unternehmen ist schon genial.

Ich muss nur davor warnen mit dem Hund an Deck spazieren zu gehen, in der Sonne. Das gesamte Deck ist nur blanker Stahl, dieser heizt sich wahnsinnig auf und die Hundis könnten sich die Pfoten verbrennen. Dies sieht dann nicht gut aus, aber ich denke abends ist es eh am romantischsten sich an die Reling zu stellen und einen auf Titanic machen, grins.

Norbu und Bhai-ra am Weg nach Kreta.

2012 kam dann noch irgendwie unser Bub Norbu in unser Leben und Bhai-ra war die Freude an zu sehen. Endlich einen Spielkameraden für immer. Zu zweit lässt es sich auch viel besser Blödsinn machen.

Heute mit zwei Hunden bleiben wir in unsere Kabine und ruhen uns aus. Diese Rasse ist die ideale Reiserasse. Wenn sie einmal in ihrem VW-Bus Schlafzwinger sind, sind sie sofort ohne Meldung eingeschlafen, während jeglicher Autofahrt.

Die Fahrt von Ancona nach Patras ist zwar schon eine gewaltige Zeit, wir fahren etwa 22 Stunden. Man muss sich das aber so vorstellen: Koje beziehen und Hunde versorgen, sowie auch die Besitzer. Da vergeht gleich eine Weile in der wir ja schon unterwegs sind.

Ein Bad im Meer verweigern beide Hunde.

Wir haben es so geregelt, dass wir uns dann frisch machen und sofort schlafen gehen. Die Hunde melden sich dann ca. um vier Uhr früh zum Oberdeck besuchen, wo sich die Veräußerungsstellen befinden. Das heißt dann für Heinz Hunde in Bewegung bringen zum Gassi gehen und Frauchen kann liegen bleiben, falls sie es überhaupt mitbekommt das wir uns raus schleichen. Da um diese Uhrzeit das Deck eigentlich menschenleer ist, können wir uns ungestört der Aufgabe widmen. Danach geht es wieder zielstrebig zum Weiterschlafen in die Kabine.

Früh um ca. 11 Uhr, wir sind ja Langschläfer, stehen wir dann auf und sind total ausgeruht. Drei Stunden später ist ja auch schon Ankunft in Patras.

Die nächste Etappe kann in Angriff genommen werden. Dies ist aber nicht so wild, ungefähr 230 km mit dem Auto zu fahren, von Patras nach Piräus dem nächsten Hafen. Dort angekommen dieselbe Prozedur, und eine Überfahrt nach Kreta von ungefähr zehn Stunden. Auch wieder über Nacht und mit viel Schlaf.

Nach Ankunft auf Kreta, der Insel der Götter beziehen wir unser Urlaubsdomizil und lassen erst einmal die Hunde dort spielen. Das ganze Grundstück ist komplett ummauert mit einen elektrischen Eiseneinfahrtstor.

Die Hunde haben sich spätestens am nächsten Tag wieder daran gewöhnt, dass es dort ein wenig wärmer ist und verdrücken sich dann schon selbst in den Schatten. Aber nichtsdestotrotz werden sie abends nach Sonnenuntergang richtig aktiv, zur Belustigung der im Haus befindlichen Personen, die wir im Laufe der Jahre kennen und schätzen gelernt haben. Die Griechen sind ein absolut gastfreundliches Volk und dies erfahren wir in jedem Urlaub, da sich der Bekanntenkreis schon ziemlich ausgedehnt hat.

Wir versuchen auch ständig die Hunde am Strand vor dem Haus ins Meer zu bekommen, das sich sich aber bis jetzt als erfolglos erwiesen hat.

Wir unternehmen auf der Insel sehr viel. Da wir ja mit dem eigenen Auto anreisen, sind dem Tatendrang keine Grenzen gesetzt. Es gibt in der Nähe auch einen sehr großen Süßwassersee, wo wir hin ausweichen falls mal die Wellen zu hoch sind.

Wir nehmen auch überall die Hunde mit, auch abends in den Tavernen. Da wird der Bus davor gestellt mit offener Heckklappe und der Hundekäfig abgeschlossen. Wir haben die Hunde im Blick und können in aller

Das „Dreamteam"...

Ruhe essen. Die vorderen Türscheiben werden herunter gelassen zum Teil zwecks Durchzug. Das ist das Schöne an der Insel, da immer ein Wind geht vom Meer her.

Nach dem Urlaub geht es den gleichen Weg zurück, nur komisch: immer mit mehr Gepäck. Das heißt, Olivenöl in großen Kanistern, Schafskäse und noch so ein komisches Getränk aus Trester, das sich Raki nennt.

Im großen und ganzen ist das Fazit des Urlaubes: Wir haben es genossen wie jedes Jahr. Und wie man so schön sagt „Urlaub bei Freunden": Dies spüren wir jedes Jahr mehr.

Ich merke das in den letzten Jahren, dass immer mehr Urlauber mit Hund nach Griechenland selbst fahren. Auf der Fähre tauscht man sich dann, klar, über Hunde aus und wir haben schon interessante Leute kennen gelernt.

Der gefürchteten Leishmaniose, die im Süden so verbreitet ist, beugen wir vor dem Urlaub mit einen Mittel vor, das über den Ganzen Körper getröpfelt wird.

Wir haben auch noch nie etwas total Negatives erlebt, außer das wir einmal die Fähre aus dem Hafen gescheucht haben. Das heißt: Wir haben sie verpasst, wir waren aber selbst schuld daran.

Als „Nyima" zu uns kam, ging die Sonne auf!

Diethard Wolf

Das Jahr 2012 war nicht sehr gut für uns und unsere Do Khyis bis zum Juni verlaufen. Hatten wir doch in den ersten Monaten zwei Do Khyis verloren. Und nun waren wir ohne Hunde sehr einsam und unglücklich.

Anfang des Jahres mussten wir unsere Do Khyi Hündin „Indu Mani Pempa" im 12. Lebensjahr gehen lassen. Mani hatten den Verlust unseres Do Khyi Rüden „Do-Khyi Dark Devil" nicht verkraftet, welcher vor drei Jahren 15-jährig verstarb. Nun hatten wir nur noch unseren „Anak". Ein Rüde, welchen wir als neunjährigen aus der Schweiz übernommen hatten, von seinem Halter an die Züchterin zurückgegebenen, weil er ihn nicht mehr haben wollte.

Nyima, ihr Rufname, ist das tibetische Wort für Sonne.

Wir waren ja inzwischen in einem Alter angekommen wo man keine Welpen mehr nehmen soll, kann und will. Schließlich wird man diesem wohl nicht mehr ganz gerecht und man möchte ja glückliche Do Khyi haben. Also haben wir beschlossen jetzt Do Khyi zu nehmen, welche dringend, aus welchen Gründen auch immer, ein neues zu Hause brauchen.

An dem Tag, als unser Anak über die Regenbogenbrücke gehen musste, waren wir voller Trauer und fühlten uns unglücklich, einsam, verlassen und leer. Doch am selben Tag erreichte uns eine Nachricht von unsrer langjährigen Freundin Sanne Rutloh, dass eine 4,5-jährige Do Khyi Hündin ein neues zu Hause braucht. Trotz unserer Trauer und Leere nahmen wir sehr schnell mit Sanne Kontakt auf, um näheres zu erfahren. Nyima lebte in Belgien bei einem holländischem Paar und musste ihr Zuhause verlassen. Wir haben sehr schnell Kontakt zur Besitzerin aufgenommen und waren uns auch schnell einig, Nyima zu übernehmen.

So kam Nyima am 05.07.2012 nach Deutschland und damit zu uns nach Bremen. Wir waren sehr glücklich wieder einen Do Khyi bei uns zu haben. Wir hatten in den drei Wochen ohne Do Khyi festgestellt, dass ein Leben ohne Do Khyi möglich ist, jedoch wenig sinnvoll erscheint.

Als wir Nyima das erste Mal bei der Übergabe sahen, waren wir über ihre Größe sehr erstaunt. Sie hat eine Schulterhöhe von 74 cm! Eine sehr schöne, große, etwas untergewichtige Hündin. Nyima stieg in unser Auto, als sei es ihres schon immer gewesen, und wir fuhren ganz gelassen, nein mit einer inneren Unruhe, Freude und Erregung nach Hause.

Wir haben Nyima unseren Innenhof und das Haus ausführlich und ganz genau gezeigt. Die Hühner und unsere Katzen hat sie mit Interesse und etwas Spannung wahrgenommen und akzeptiert.

Da wir von der Vorbesitzerin erfahren hatten, dass Nyima niemals in ihrem Haus sein durfte, wollte sie sofort wieder auf den Hof. Es hat schon einige Geduld und Mühe erfordert, sie an ein Leben mit uns im Haus zu gewöhnen.

Da Nyima selbst Türen öffnet, war es für sie einfach immer, wann sie wollte, rein und raus zu gehen. Auch jetzt schläft sie in der Nacht noch draußen und inzwischen hat sie auch eine Hütte angenommen, welche sie jedoch nur bei sehr schlechtem oder sehr kaltem Wetter benutzt.

Nyima ist den ganzen Tag um uns, sie ist eine sehr

Bitte spielt mit mir!

verschmuste und liebe Hündin. Sie lebt jeden Tag ihre Rituale aus und diese müssen genau eingehalten werden. Nach unserem täglichen Spaziergang liegt sie auf dem Flur an einer strategisch wichtigen Stelle und geht nur zu wichtigen Anlässen auf den Hof.

Nach dem Mittagessen geht sie umgehend ins Wohnzimmer, um einen ausgiebigen Mittagsschlaf mit meiner Frau abzuhalten. Den Nachmittag verbringt sie bei einem von uns beiden bei irgendwelchen Verrichtungen. Abends liegt sie ganz in der Nähe von meiner Frau und um etwa 23 Uhr verabschiedet sie sich täglich von meiner Frau und manchmal auch von mir, um auf dem Hof ihren Nachtschlaf oder auch Nachtwache abzuhalten. Am Morgen zwischen sieben und acht Uhr kommt sie ins Haus, um uns zu wecken, und der Tag mit ihren und unseren Ritualen beginnt von Neuem.

Anfänglich war es nicht einfach beim Spaziergang mit Hundebegegnungen. Sie hat erstmal alle Hunde mit Gebell und wilden Sprüngen erschreckt, und wenn diese Gesten der Unterwerfung machten, zeigte sie sich freundlich und war sogar gleichgültig oder uninteressiert.

Inzwischen ist sie sehr gelassen und bei Begegnungen wird sie nur noch bei ihren Erzfeinden wild, was diese aber durch ihr eigenes Fehlverhalten provoziert haben und diese somit für immer Feinde bleiben. Bis jetzt genügte es Nyima, andere Hunde durch heftige Drohgebärden zur Räson zu bringen und somit ist sie körperlichen Auseinandersetzungen aus dem Weg gegangen.

Weil sie aber so geduldig und ausgeglichen ist, wurden wir schon von Hundetrainern zu einer Welpenschule eingeladen, um den Welpen mal einen großen, lieben Hund zu präsentieren. Diese Erlebnisse sind von allen Beteiligten, Hunden wie Menschen, unvergessen und viele der Welpen sind inzwischen ja erwachsene Hunde und freuen sich immer wieder, Nyima zu treffen.

Wir haben das Gefühl, mit Nyima in einem sehr innigen und glücklichen Familienverband zu leben. Mit ihrem Charme und ihrer Hartnäckigkeit hat sie unser Herz gewonnen. Es gibt kaum Zeiten, in welchen wir nicht gemeinsame Unternehmungen machen. Wir sind sehr froh und dankbar, diese wunderbaren Hunde kennen und lieben gelernt zu haben. Do Khyi zu lieben und zu schätzen ist dank ihrer Schönheit und ihres souveränen eigenständigen Wesens für uns so selbstverständlich wie die Luft zum Atmen.

Parvati - Tochter des Kailash

Rolf Widerhofer

Parvati ist nun bald elf Jahre alt und es ist mir eine Freude in diesem Buch von unserem gemeinsamen Leben zu berichten. Wir beide genießen die Augenblicke unseres Glücks bis zum heutigen Tage.

Parvati kommt aus Tibet und wurde im Frühjahr 2006 in Darchen am Fuße des Kailash im Alter von etwa drei Monaten gefunden - dem heiligsten Berg der Welt.

Ich bin seinem Zauber schon in meiner frühesten Jugend mit 15 Jahren erlegen. Herbert Tichy hat in seinem ersten Buch 1937, ein Jahr bevor ich geboren wurde, von seiner Pilgerreise zu diesem Berg erzählt. Ich habe es damals verschlungen. Seine einfühlsame

Beschreibung der Landschaft und der besonderen spirituellen Bedeutung des Berges als Thron der Götter haben meine Sehnsucht nach „etwas vom Kailash" nie verstummen lassen.

Es war mehr als nur eine Fügung des Schicksals, als ich Anfang März 2007 ein Foto von der kleinen jungen Parvati sah. Es waren die Augen von Parvati, die mich sofort fesselten und mich an unseren eben verstorbenen letzten Samojeden Rüden Sam erinnerten. Der Schmerz darüber war noch nicht verheilt. Eine schlaflose Nacht voller wirrer Gedanken ließ mich am frühen Morgen daran glauben, dass Parvati als Reinkarnation all unserer drei Samojeden zurück gekehrt war ...

Bruno Baumann und sein Begleiter Sherpa Yangjor Lama hatten den Hund aus Tibet auf abenteuerliche Weise nach Nepal gebracht. Im Juni 2006 erreichten

Parvatis erstes Bad noch in Tibet

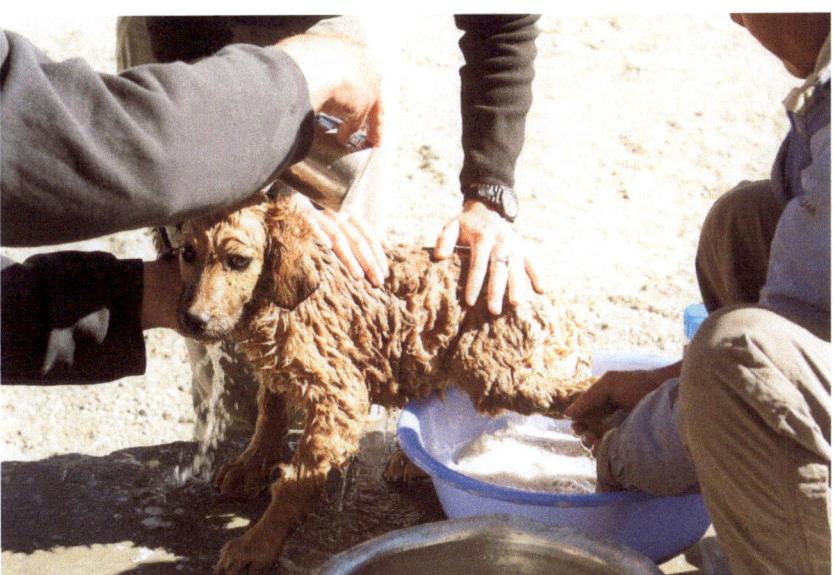

sie Kathmandu, wo Parvati ihre ersten Impfungen in der dortigen Vet Clinic erhielt. Sie wurde mit einem Micro Chip versehen und ihr erstes Health Certificate hab ich heute noch.

Widriger Umstände halber musste Parvati alleine in Nepal zurück bleiben. Aus dieser Zeit stammt ein Augenfoto mit ihrem liebevollen fragenden Blick „Bitte hol mich raus hier".

Schlagartig war mir klar: Das ist mein „etwas vom Kailash" wonach ich so lang gesucht hatte! Genau so schlagartig entschied ich mich nach jener schlaflosen Nacht, sofort Nepal wieder zu sehen, und landete drei Tage später in Kathmandu. Voll gepackt mit Dog Cabin, Hundefutter, Medikamenten und so allem, was ein Hundemann so zu brauchen glaubt. Voller Neugier ob alles klappen wird ...

Es hatte sich vieles geändert dort seit meinem ersten Besuch 1980, als wir unsere 8.000er Expedition zum Manaslu starteten. Nach einem zweijährigen Aufenthalt 1990 / 91 im Khumbu-Gebiet des Mount Everest beim Bau des Namche Bazar Hydro Projects folgten fünf weitere Trekking Reisen in diesem wunderbaren Bergsteiger Land Nepal.

Kathmandu ist eine schreckliche, laute und schmutzige Stadt geworden und ich war in Sorge, wie Parvati die letzten langen Monate in ihrem „Gefängnis" im chaotischen Zentrum überstanden hat.

Als ich Sie mit einer Eisenkette um den Hals verängstigt und bellend vor mir sah, wusste ich, dass ich dieses „poor little girl" so schnell wie möglich befreien würde.

Was es heißt ein Tier offiziell in die EU im Flugzeug

einzuführen, hab ich in bitteren 17 Tagen geduldig erlernen müssen. Bis alle Stempel, Unterschriften und diverse Beglaubigungen aller Art vom Veterinary Officer des Ministery of Agriculture (Dept . Animal Health) endlich erledigt waren, sind meine letzten Haare noch grauer geworden .

Gott sei Dank konnten wir beide in dieser Zeit in Nagarkot etwa 20 km außerhalb von der stinkigen Stadt auf einem kleinen Berglein in luftiger Höhe unsere ersten Freilaufrunden absolvieren, die uns „menschlich und tierisch" näher brachten.

Mit dem peinlich genau ausgefüllten EU Formular „Veterinary Certificate for Domestic Dogs entering the European Community" im Sack fiel uns der Abschied von Kathmandu wirklich nicht mehr schwer.

Mit Parvati im Karakorum, 2013.

Der besondere Witz der Geschichte war: Die Hunderasse Tibet Mastiff war in Bayern als Kampfhund registriert und durfte nicht eingeführt werden.

Der vier Stunden verspätete Abflug, als Parvati längst schon in ihrer Dog Cabin eingeschlossen war, sowie die eine Stunde Aufenthalt während der Zwischenlandung in Doha (Qatar) haben uns sehr genervt. Doch Ende gut – alles gut. Als wir nach endlos langer Zeit spät abends in München landeten und Parvati fast drei Liter Wasser trinken konnte, war die Welt wieder in Ordnung .

Es war kein Scherz , als wir beide an diesem 1. April 2007 endlich zu Hause waren. Parvati ist damit eine echte Tirolerin geworden. Damals hat unsere gemeinsame Zeit begonnen, die nach zehn Jahren bis heute anhält.

Parvati heute in ihrem Tiroler Garten.

Parvati ist meine „Lebensbegleiterin" geworden und wir haben uns zu einem echten guten Team gemausert in den täglichen Wanderungen in unserer Nähe und in Tirol. Längere Reisen mit bis zu sechs Wochen Dauer führten uns durch ganz Europa von Nord nach Süd und West nach Ost.

Der Höhepunkt war die unvergessene Himalaya Kundfahrt 2012 / 2013, bei der wir am Landweg bis nach Nordindien (Himachal Pradesh und Spiti) an die tibetische Grenze gelangten. Fast 30.000 km spulte unser klappriger Toyota Bus in knapp einem Jahr herunter.

50 Jahre nach der Erstbesteigung unseres Momhil Sar (7414 m) im pakistanischen Karakorum haben wir auf der Rückreise am Fuße des Berges in Hunza einen blutroten Sonnenuntergang zum Abschied erleben dürfen - dort wo der Himmel immer noch betet.

Informationen im Internet

Weltverband der Hundezucht

Fédération Cynologique International (FCI):
www.fci.be

Landesverbände

Öst. Kynologenverband (ÖKV): www.oekv.at

Verband für das deutsche Hundewesen ev. (VDH): www.vdh.de

Schweizerische Kynologische Gesellschaft (SKG): www.skg.ch

Rassezuchtvereine und Rasseinformationen

Öst. Klub für tibetische Hunderassen (ÖTH): www.oeth.at

Internationaler Klub für tibetische Hunderassen e.V. (KTR): www.tibethunde-ktr.de

Interessengemeinschaft Do-Khyi-Freunde Schweiz: www.do-khyi-club.ch

Informationen zur Rohfütterung

www.barfers.de

Tibetische Organisationen in Europa

Save Tibet Österreich: www.tibet.at

Tibet Initiative Deutschland e.V.: www.tibet-initiative.de

Gesellschaft schweizerisch-tibetische Freundschaft: http://tibetfocus.com

Tibet Institut Rikon: www.tibet-institut.ch

Heinrich-Harrer-Museum Hüttenberg: www.harrermuseum.at

Internationales Institut für höhere tibetische Studien: www.tibetcenter.at

Tibetisches Zentrum e.V. Hamburg: www.tibet.de

Politische Organisationen:

Website der tibetischen Exilregierung: http://tibet.net

International Campaign for Tibet: www.savetibet.org

Soziale Hilfsprojekte für und in Tibet

Braille without Borders: www.braillewithoutborders.org

Shelter 108 e.V.: www.shelter108.de

Eco-Himal: www.ecohimal.at

Verzeichnis der Abbildungen

Cover	Portrait unten Samantabhadra's Srimat Sangpo, Sanne Ruthloh; Portrait oben Ghandi Cor Forte, Barbara Niederreiter. Großes Bild: Do Khyi in Osttibet, Uschi Eisner. Portrait Rückseite: Stefan Fuhrmann.
10	Maskentänzer, c: Uschi Eisner
28	Kandschur Ni a Soechavati, Sanne Rutloh, (c: Birgit Primig)
32	c: ookpiks
33 innen	Ariyanta's Yu-Ni, Birgit Primig (c: Georg Spitzer)
34 Mitte	Mo-Shu Pamo, Siegfried Birwe
35	Zantgar, Tugs Sainbuyan
36	Zantgar, Tugs Sainbuyan, (c: Chinbold)
41	Castor, Marianne Eichenberger
42	Althan, Stefan Dähler
44	oben: Grey King und Dolma, unten: Delilah van Desaal, Nol Kraaij
46	Tübo und Lantang Shu Khen Chung, Manfred Böse
48	oben: Hi Jampal, Kriemhild Pöschl; unten: Samantabhadra's Lalita Kiara, Michaela Panzenböck
51	oben: Nandari's Hanaimah, Andrea Lennartz; unten: Tara Gangkar, Lenka Adamekova (c: Birgit Primig;)
55	Bala Binti Beautyful Arankah, Claudia Bomhof
56	Nandari's Orion, Andrea Lennartz
57	Tashi Shendakari, Chima Guardian of Tibet, Celinka padmaraga drizai, Georg & Marcela Turek

58	Abhirati's Ayatana ran'adzag, Ingrid Stierschneider
68	A-Wurf Günga Nima's, Michaela Panzenböck (c: Georg Spitzer)
71	Sharnima Char-Can Günga Nima ; Michaela Panzenböck (c: Jennifer Kohl)
78, 80	Welpen im Zwinger Klastorpet; Daniel Hjelm
79	Welpe im Zwinger Akhashargaba's, Katharina Rond-Huth
81	Rudel von Andrea Lennartz
82	Oben: Agarimo und Argalleira de Gönpokhyi, Patricia Fernandez, Mitte: Sharnima Char-Can Günga Nima, Michaela Panzenböck, unten Ghandi Cor Forte und Uglung Zoa Anvijo , Bes. Barbara Niederreiter
83	Samantabadhra's Srimat Sangpo, Sanne Rutloh
85	Jinpa Dun mit Sohn Alecrin de Gönpokhyi, Patricia Fernandez
87	K-Wurf Günga Nima's, Michaela Panzenböck
88	Sharnima Char-Can Günga Nima, Michaela Panzenböck (c: Jennifer Kohl)
90	Pashupati, Sanne Rutloh
91	B'Chan An of Yang Yang , Sanne Rutloh (c: Kaire Merristo)
92	Kandschur Ni a Soechavati, Sanne Rutloh
96	Orine du Jardin des Khyi des Trois Rois, Martina Hudcovicova
97	Tenzin und Ria Gangkar, Martina Hudcovicova
99	U-Wurf, Martina Hudcovicova (c: Dutchfotoart)
102	Zeriida's Salikram Mahatma la, Marta Kowalska
103	Namseling Mahatma la, Marta Kowalska

104	Sati Mahatma la, Marta Kowalska
107	Nandari's Hanimah und Hivah, Andrea Lennartz
108	Nandari's Jinghajiva, Andrea Lennartz
113, 114	Welpen im Zwinger Akhashargaba's, Katharina Rond-Huth
117	Uglung Zoa Anvijo, Bes. Barbara Niederreiter
118	Sharnima Char-Can Günga Nima, Michaela Panzenböck
121	Bala Binti Beautyful Arankah, Claudia Bomhof
123	Rudel von Andrea Lennartz
124	Nandari's Ori, Andrea Lennartz
126	Nandari's Manjushri Althan, Ilka & Uwe Philipp
131	Rudel von Michaela Panzenböck
133	Sharnima Char-Can Günga Nima & Tochter Samantabhadra´s Xenjang Mila Günga Nima, Michaela Panzenböck
134	K-Wurf Günga Nima's, Michaela Panzenböck
137	Samantabhadra's Venezia Garuda, Katharina Rond-Huth
139	Günga Nima's Ali, Michaela Panzenböck
145	Samantabhadra's Temudjin Stag, Sanne Ruthloh
147, 148, 150:	Samantabhadra's Udaraja Senge und Samantabhadra's Ratnapani Bhai-ra, Heinz & Bettina Nöth
152, 154	Lafahhs Triratna Hinayana, Ute & Diethard Wolf
157	Parvati, Rolf Widerhofer (c: Bruno Baumann)
159, 160	Parvati, Rolf Widerhofer

Weitere Bilder: Birgit Primig, privat

Schlussbemerkung

Ich danke für die Gastartikel, die dieses Buch bereichern.

Ich mache aber darauf aufmerksam, dass ich inhaltlich an diesen Texten nichts verändert habe und die Verantwortung für die Texte bei den Autor_innen liegt.

So weit es im Rahmen meiner Möglichkeiten liegt, habe ich mich versichert, dass auch bei den Fotos keine Urheberrechtsverletzungen vorliegen.

Weitere Hundebücher von Birgit Primig

Platons Hundeleben. Episoden und mehr.
Verlag books on demand, Norderstedt 2008. € 8,70.
ISBN: 9-783837-067750

Tibet Spaniel. Großer Hund im kleinen Körper.
Verlag books on demand, Norderstedt 2009. €19,40.
ISBN: 9-783837-099263

Rassehunde perfekt präsentieren. Junior und Show Handling in Österreich.
Verlag books on demand, Norderstedt 2010. € 19,40.
ISBN: 9-873839-166710

Sieben Lhasa Apso: immer spannend. Geschichten aus dem Alltag mit einem Hunderudel.
Verlag books on demand, Norderstedt 2014. € 12,90.
ISBN: 9-783732-296422